野球がうまくなる
ヨガトレ！

小林佳子

野球×ヨガ

はじめに

「ヨガ」と聞いて、皆さんはどんなことを思い浮かべますか？

合掌
難解なポーズ
インナーマッスル
ストレッチ
体が硬いとできないもの

ヨガは、かつて瞑想をすることで体と心を宇宙に結びつけるための修行法として生まれました。長い年月をかけてヨガ行者が後世に受け継いできた技法（体と心にもたらす効能）が注目され、多くの実験や研究が行われた結果、いまや、名実ともに心身に効く万能のエクササイズと科学的にも証明され、世界中でポピュラーになっています。

野球選手はその競技特性上、全身のバランスを重視した筋力アップと、パフォーマンス向上及び傷害予防を狙ったコンディショニングを意識して、体づくりを行う必要があります。さらに高みを目指すのならば、目標達成に向けて重要なメンタルトレーニングも実施したいところ。

とはいえ、当然ながら十分な競技練習が必要で、なおかつ勉強や仕事などの日常的なルーティンワークもこなさなければなりません。すべて

を完璧にしようとすると、時間が足りないのが現状です。

　だからこそオススメしたいのが、ヨガを取り入れること。昨今の流れから「ヨガは癒やしを求める女性のもの」と思われがちですが、実はヨガはヒトの体と心に多角的にアプローチする"使える"トレーニングなのです。

　ゆったりした呼吸に合わせてゆっくり動き、特徴的なポーズをキープするヨガの動きは、全身の筋肉に働きかける有酸素運動。ふだんの生活や競技練習やトレーニングではあまり使われない眠った筋肉（インナーマッスル）がおおいに刺激され、姿勢改善につながるばかりか脳にとってもいい刺激になるので、集中力も高まります。

　というように本書は、ただのヨガ本でも野球トレーニング本でもありません。野球とヨガの新たな出合いによって生まれた、イイとこ取りのハイブリッド・トレーニングを紹介する、もっと上を目指すベースボーラーのためのトレーニングメソッド本なのです。

　さぁ、ドラフト候補選手も効果を実感している「ヨガトレ」で、競技力を高めましょう！

野球がうまくなるヨガトレ!
CONTENTS

エクササイズの構成と使い方

1 ポーズ名をチェック
体の動きだけでなく、物の名前や動物の名前が登場します。イメージを膨らませてポーズに反映しましょう。

2 ターゲット筋を把握
鍛えたい部位のなかでも、このポーズが特にどこに効くのかを把握すると、ポーズをとる際に意識しやすく、効果が出やすくなります。

3 持続時間の目安にする
ポーズの持続時間は呼吸数や秒数で、動きがあるものは回数で示しています。それぞれの目安としてください。

4 効果を引き出すポイントを確認
1つのポーズで複数の効果があるため、目的を果たすにはどこに留意すべきか、ポイントを押さえてターゲット筋に一番の刺激を与えましょう。

5 注意点を読んで知る
ケガ防止のためや、より深くポーズを理解するための方法などを「POINT」としてお伝えしていきます。目を通しておきましょう。

ポーズ 7 チェア

ターゲット
広背筋、大臀筋

ゆったり 5呼吸キープ

chapter 2 部位別トレーニングヨガ

効かせテク！
かかと重心でおしりを下に落とす

POINT！
おしりは後ろに引くだけでは出っ尻になってしまいますが、坐骨を床に向かって落とすことで背中のトレーニングになります。深く下ろしてパワフルにポーズしましょう！

▶腰幅に足を広げて真っすぐ立った姿勢から、吐く息でおしりをゆっくり引き上げて、両腕は耳を挟むようにして斜め上に伸ばす。
▶肩を少し落として、指先を広げてキープ。

腰はどっしり!!
頭は遠くに!

6 ポーズの段取りを学ぶ
写真はポーズの完成形です。スタートポジションから目標の形へ近づけていくための段取りを踏んでポーズをとりましょう。効果が段違いです。

7 ヨガトレ君に癒やされる
本書のゆるキャラ（？）ヨガトレ君。頑張る皆さんを、心から応援しています！

エクササイズにあたっての注意事項
ヨガのポーズを用いたトレーニング・コンディショニングにあたっては、体調に不安のある方、あるいは持病をお持ちの方などは専門の医師とご相談の上、指示に従ってください。またその効果に関しては個人差があることを、あらかじめご了承ください。本書によるいかなる事故も、当社では一切の責任をおいません。

CHAPTER
| 1 |

始める前に

ヨガトレを始める前に、簡単にヨガと、ヒトの体の仕組みについて学びましょう。なんだか文字ばかりで難しそう？　そんなこと言わないで、ぜひ一度、練習がお休みのときなどにでも読んでみてください。自分自身の体のこと。基礎知識をきちんと理解して取り組むのと、ないがしろにして取り組むのとでは、トレーニング効果は段違い！　ですよ。

 # そもそも「ヨガ」って何？

起源から、効能、効果的に行う方法まで、ヨガの概論を紹介します。トレーニングを始める前に「ヨガって何？」という素朴であり最大の疑問を解消しておきましょう。

ヨガの歴史

▶体と心を結びつける修行法

「ヨガ」は、サンスクリット語で「ユジ＝結ぶ」が語源です。体と心を結びつける修行法として、今から約5000年前にインド周辺（インダス文明）で生まれたといわれています。

　時代とともに、さまざまなスタイルのヨガが生まれていますが、その基礎となっているのが「ハタ・ヨガ」（『ハ』＝太陽、『タ』＝月）。陰陽のエネルギーの流れを調和させ深い呼吸とゆっくりとした動きで行うヨガです。呼吸にあわせてポーズをとることで、自然と意識も集中するため「動く瞑想」とも呼ばれます。本書で紹介しているポーズも、この伝統的なハタ・ヨガの一部です。

ヨガの目的と特長

▶ボディバランスの調整とメンタルコントロール

　ヨガ本来の目的は、瞑想するときに快適に座り続けることのできる柔軟な体と快適で安定した心をつくることにあります。ポーズをとることで体のゆがみが矯正されて全身が引き締まる、柔軟性がアップするなどの効果もたしかにありますが、加えて深い呼吸や瞑想をすることで集中力が高まり、穏やかでありながらもブレのない強い精神状態をつくり出すことができます。

ヨガの効能

▶ボディシェイプ、ストレス軽減、セルフマネジメント力向上

　まず、全身の筋肉の伸張により、血流がよくなり体温が上昇します。リンパ液の流れもよくなるので免疫力が向上し、新陳代謝が活発になります。

　腹圧をかけたポーズと腹式呼吸を同時に行うことでインナーマッスルが強化され、姿勢が整い、内臓マッサージ効果で機能が活性化し、さまざまな不調が改善へと向かいます。加えてインナーマッスルを動かすエネルギー源は脂肪のため、脂肪燃焼効果も見込めます。ヨガが頻繁にダイエット術として

紹介されるのは、このためです。

　また、深い呼吸をくり返すことで自律神経（活動時に活発になる交感神経とリラックス時に活発になる副交換神経）の切り替えがスムーズにできることから、心身ともにメリハリ、緩急の調整がつくようになり、ストレスが軽減します。

　ポーズをとる時間は、自分の体と心の現状を知り、見つめ直す時間でもあります。そこから俯瞰で自分を客観視できるようになるので、感情をコントロールできるようになり、不安やイライラなど乱れる心に影響されることがなくなります。アスリートであれば大切にしたい、いかなる状況においても冷静に力を発揮するためのセルフマネジメント力が向上します。

血流の改善による体温の上昇

インナーマッスルの強化

深い呼吸による精神安定

脂肪燃焼効果

感情のコントロール

ストレスの軽減

基本の呼吸法と5つのポーズ

▶呼吸は鼻で、ポーズは6系統5姿勢

　呼吸は鼻呼吸で行います。鼻から深く吸い込んで、腹、胸、鎖骨まわりと広く体にいきわたらせて、鼻から吐き出します。より詳しい説明は後述（CHAPTER 4）します。

　主なものでも100以上あるといわれるヨガのポーズは「前屈」「後屈」「ねじり」「側伸」「逆転」「バランス」の6系統に分けられます。そして「立位」「座位」「あお向け」「うつ伏せ」「その他（よつばいなど）」といった5姿勢のどれと組み合わせるかで効果が定まります（10ページ表1参照）。

　ヨガは【準備→ポーズへの移行→ポーズの完成→戻し→リラックス】という過程を経て行います。完成のときには、自分のペースで、無理のない範囲で自然呼吸を続けます。リラックス時には、全身に血液が流れていくのを感じるでしょう。

■表1

系統／姿勢		主な効果
6系統	前屈	胃腸など内臓の緊張をほぐし、副交感神経を覚醒。気分を落ち着かせる。
	後屈	背中や腰のコリをほぐすほか、胸を開くことで心肺機能の向上も。
	ねじり	脊椎を調整し、自律神経の働きを整える。内臓のマッサージ効果も。
	側伸	呼吸に関する胸まわりの筋肉が柔らかくなり、胸が開きやすくなることで、楽に深い呼吸ができるようになる。
	逆転	足脚の抗重力筋群がリラックスし、血液やリンパの流れがよくなる。脳への酸素供給効果も。
	バランス	バランス感覚を刺激し神経系を活性化するほか、注意・集中力を高める。
5姿勢	立位	抗重力筋を鍛える。足裏を使うため脳神経への刺激効果があり、腸・心臓にも効く。交感神経を活発にするので、朝ヨガ向き。
	座位	意識が集中しやすく、体の状態を観察しやすい状態に導く。
	あお向け	心身ともにリラックスでき、骨格のゆがみ調整がやりやすい。副交感神経を活発にするので、夜ヨガ向き。
	うつ伏せ	腹圧が高まる。胸が開き腰・腎臓を強化する。
	その他	よつばい、ヒザ立ち、横寝などポジションにより重力のかかり方が異なり効果もさまざま。

ヨガによる体への作用

▶体を整え、筋バランス改善とコンディショニングを同時に

　右と左を順番に同じ数だけ行う動きは、全身の左右差や筋や関節の不具合などをみる役割も果たします。その違いに気づきバランスをとろうとする体の自然な働きかけのキッカケをつくります。ゆっくり体を伸ばす動きは、血液やリンパ液の流れをよくし、筋のまわりの結合組織の働きをよくします。疲労物質を速やかに排出することができるので、疲労をとり、効率よく超回復し（もとの状態より筋肉が強くなり）、筋の再生が促進されます。

「自重トレーニング」が話題ですが、ヨガのポーズはまさに自重。自分の体の重みを支えたり、重力に対してポーズを保つことで、インナーマッスルが自然にバランスよく鍛えられるような効果があります。

　余談ですが、人間の体は内臓なども含め約600もの筋で構成されており、通常の生活ではそのうちわずか30～40箇所しか使いません。ヨガを1時間行うと、実施するポーズにもよりますが300～400箇所の筋を使います。

自重トレーニング

ストレッチ効果

加圧トレーニング

▲武将のポーズは曲げたももの付け根を圧迫しポーズをキープする間、血流量をしぼっているので、同時に「加圧トレーニング」も行うことになり「ストレッチ効果」とともに一石三鳥

02 ストレッチと何が違うの？

体を伸ばしたりひねったり——。ヨガの動きは、一見ストレッチと同じように見えます。しかし、両者は似て非なり。では何が違うのか、説明していきましょう。

区分の違い

▶ストレッチは「運動」、ヨガは「対位法」

体を動かすことを表す言葉はいくつかありますが、ざっくりと「運動」「体操」「対位法」の３つに分けることができます。「運動」とは、広く体を動かすことを指す言葉です。発汗、エネルギーの発散、運動諸機能を高めることが目的で、各種競技やジョギング、そしてストレッチが該当します。「体操」は、体を一定形式に基づいて操ることです。筋や関節に重きをおい

て体を整えていくことが目的で、有名なものではラジオ体操があります。

そして「対位法」は、呼吸にのせて動きを止めることによって（静止／約20秒間）、特定の体内部（筋にとどまらず、その筋をとりまく奥の神経など）まで刺激を伝えるというものです。筋→神経→脳→体全体へ、その効果が自律神経を通じてフィードバックされます。

体へのアプローチの違い

▶骨格の調整、インナーマッスル強化、バランス力の向上

ストレッチをすると、緊張していた筋肉がほぐれて体の柔軟性が高まるといわれています。伸ばしたい箇所を狙って緊張させたりゆるめたりすることで、血行がよくなり全身を温める効果もあります。

ヨガも、体を伸ばしたりひねったりすることで柔軟性を高めることができます。それも一方向だけでなく、関節をさまざまな方向に動かしてポーズをとることで、自然に数カ所の筋肉を同時にほぐすことが可能です。

また、ヨガは不安定な状態でバラン

スをとりながらポーズをキープすることで、筋肉を鍛え、軸を意識することもできます。インナーマッスルにも刺激が届くため自ずと姿勢が改善されるほか、左右均等に動かすので骨格の左右差が調整されます。自分の体に向き合うことでコーディネーション（神経と筋肉の協調）もとれるようになります。

▶ヨガの呼吸で脳波をリラックス

心理的な「力み」は体のコンディションの低下を招きます。すると筋疲労し、柔軟性やバランス力が低下、集中力もダウンしてしまいます。ヨガで行う呼吸法はアスリートにとっては欠かせない、精神を安定させて感情をコントロールする効果があるといわれています。それはヨガ独特の横隔膜を上下させる腹式呼吸法によるものです。

次々ポーズをとりながら、動きに合わせて深くゆったりと呼吸をすることで、脳内でセロトニンという精神をリラックスさせる神経伝達物質が活性化し、精神の安定が促され、状況判断する余裕が生まれてきます。

また横隔膜の動きにより上下に位置する内臓も圧迫されてマッサージ効果が得られます。ストレッチと比較して、心身ともによりリラックス効果をもたらすのがヨガの特徴といえるでしょう。

スタミナの消耗が減って
コントロール力もアップ!!

腹式呼吸 → セロトニン → 精神の安定

腹式呼吸 → 横隔膜 → 内臓のマッサージ

03 ヨガで野球がうまくなる？

ヨガの基礎知識をひと通り学んだところで、皆さん気になるのが「それで、野球にはどんな効果があるの？」というところでしょう。ここからは、ヨガが野球にもたらす効果について、お話ししていきます。

野球選手の体づくり①

▶筋力バランスを重視した全身の強化

野球のトレーニングといえば肩、という人は多いでしょう。間違いではありませんが、より深く考察すると投動作では肩とヒジと手首、打動作では体幹部をよく使います。体幹からの動きは安定性（スタビリティ）と可動性（モビリティ）が必須となります。走動作や守備の姿勢では、腰や下半身により大きな負担がかかる。つまり、野球選手には全身の筋力アップとケアが必要なのです。

そして忘れてはならないのが、筋力のバランス。筋肉は関節と関節とをつなぐゴムのようなもので、太くなれば強い力発揮が可能となりますが、一方で伸縮がしづらくなります。筋肉を大きくしたら、大きくしただけ関節の可動域や筋肉の柔軟性が重要になってきます。

プロ選手の体つきにあこがれて、むやみに筋トレをしてしまう選手が、特にジュニア世代にはしばしばみられますが、それが原因で筋力バランスを崩し、ケガにつながるケースも少なくありません。筋トレで得た筋力は「力む」のではなく「力まない」ために使わなければ意味がありません。

野球選手に大切なのは全身のバランスです。筋力、瞬発力、持久力、調整力、柔軟性。それらの総合点が高ければ高いほど、野球選手としてのポテンシャルも高いと言っていいでしょう。

全身の筋力を
バランスよくアップ

肩

ヒジと手首

腰

体幹

下半身

13

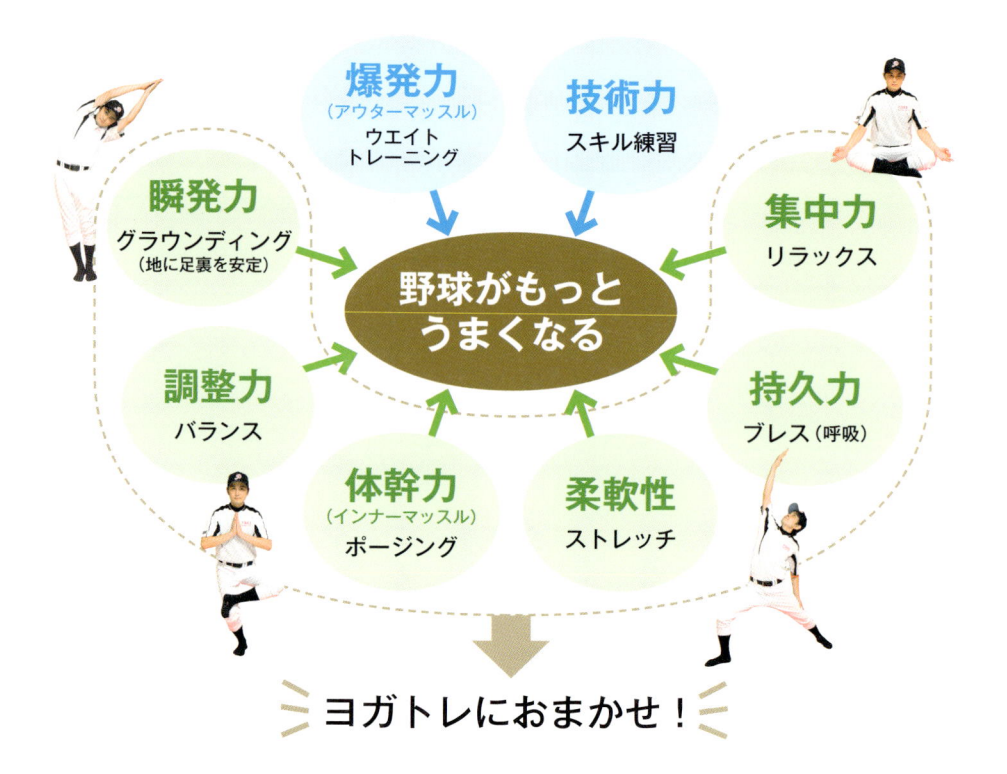

瞬発力
グラウンディング
（地に足裏を安定）

調整力
バランス

爆発力
（アウターマッスル）
ウエイト
トレーニング

体幹力
（インナーマッスル）
ポージング

技術力
スキル練習

柔軟性
ストレッチ

野球がもっと
うまくなる

集中力
リラックス

持久力
ブレス（呼吸）

ヨガトレにおまかせ！

野球選手の体づくり②

▶パフォーマンスアップ＆傷害予防に向けたコンディショニング

　野球に限らず、すべての競技のアスリートに求められることは、常に最高のパフォーマンスをすることです。そのために選手がすべきことは、身体能力を向上させるトレーニングと技術力を高める練習を積み重ね、試合（本番）当日に、その時点の自分がもつすべてを発揮できるようコンディションを整えることでしょう。

　練習では、やみくもに頑張りすぎず課題をくり返し行うことで、無意識にできるようにしたいものです。力みのない自然な動きを身につけることで、自分の悪いクセをいいクセに変える作業が練習なのです。

　疲れがたまった場合、体（関節や筋肉）は、すぐに硬くなります。硬くなると動きが制限されてしまうため、ストレッチやヨガを取り入れてコンディションを常に整えておくことが大切です。全身の筋肉ひとつひとつを正常に伸縮できる状態へと誘い、適切な関節の可動域を保つことで、ようやく自分がもち合わせているスキルを最大限に発揮できるようになります。加えてパフォーマンスアップに限らず、ケガをしない体づくりを目指す際にも、ストレッチなどのコンディショニングは有

効です。

　つまり、野球が今よりもっとうまくなるには、投球や打撃などの技術を高める以外に、体幹部の強化と筋力アップと柔軟性の向上をバランスよく行うことが必須というわけです。体の正しい知識をもつと動作に対するとらえ方が変わります。何より基礎が重要で、その上にパフォーマンスがついてくるのです。

野球とヨガの、いい関係

▶明確な目的のもと、体にたしかに働きかける万能エクササイズ

　勘のいい人はもうおわかりかもしれません。お話ししてきた「インナーマッスルに適度な刺激を与えて全身の筋力バランスを整えるトレーニング」と「パフォーマンスアップと傷害予防を狙ったコンディショニング」を同時に行うのが、ヨガです。さらには高みを目指すアスリートの必須科目ともいえる「メンタルトレーニング」をも網羅するエクササイズ、それもヨガなのです。

　野球の技術力は練習で、爆発力を生むアウターマッスルの強化はウエイトトレーニングで、となりますが、それ以外はヨガにお任せ！　と言えます。

　下表は、ヨガの世界でいわれているたくさんの効果のなかから、野球に役立つものをピックアップしてまとめています。ご覧の通り、ヨガの効果は言ってしまえば万能です。誰にでもできて、誰にでもいい変化をもたらします。『何にでも効くは、何にも効かない』との考えもありますが、野球力の向上というテーマを掲げ、目的を絞っていけば自ずと取り組むべき課題（ポージング）がみえてくるわけで、本書ではそれをより多くの要望にフィットできるよう部位別のトレーニング／コンディショニングヨガとして提案しているのです。

　次ページで、実際にふだんの練習にヨガを取り入れている選手たちの声を少し紹介しましょう。それぞれがたしかな変化を実感しているようです。

■野球に役立つヨガの12の効果

1. 本来の柔軟性を取り戻す
2. 筋肉（インナーマッスル）を鍛える
3. 関節の可動域を適切にする
4. 骨を丈夫にする
5. バランス力をアップする
6. 有酸素運動の代替
7. 血行をスムーズにする
8. リンパの流れをよくする
9. 集中力を高める
10. 副交感神経を優位にする
11. 不安を吹き飛ばす
12. 信じる気持ちを呼び起こす

「ヨガをして、体はどう変わった？」

足裏に意識がいくようになりました。地面を蹴る力が強くなったし、踏ん張れる。ダッシュもしやすくなりましたね。球速10キロ上がりました！

年齢 21歳
野球歴 14年
ポジション 投手

年齢 17歳
野球歴 10年
ポジション 捕手

頸まわりをほぐすヨガをしたら視界が広がって、ボールがよく見えるようになりました。それまではなかなかできなかった"追う"ことができたんです

ももまわりへの効果を実感しています。鍛えることで瞬発力がアップして、一歩目の踏み出しがスムーズになり、その一歩が大きくなって体重移動しやすくなりました

年齢 17歳
野球歴 7年
ポジション 内野手

年齢 16歳
野球歴 10年
ポジション 外野手

肩や肩甲骨まわりの脱力を覚えました。無駄な力みがなくなったからかバットが前より軽く感じられます。捕球から送球までの動作がスムーズになりました！

ガチガチだった腰から背中がほぐれ、あお向けの体勢をリラックスしてとれるようになった。バッティングでは上半身、下半身の「割れ」を強く感じられます！

年齢 18歳
野球歴 9年
ポジション 内野手

04 体づくりの基礎知識

野球を続ける上で、トレーニングは欠かせません。ヨガを取り入れるのならば、なおさら人の体がどのようにできているのか、知識を頭に入れておくべきです。ここからは、解剖学のお話を簡単にしていきます。

解剖学とは

▶体の地図を手に入れよう

どれだけ研究が進んでも、人間の体はフシギで溢れています。まだまだわからないことは多いけれど、解剖学の知識を得るということは体の地図を手に入れることと同じです。外からは見えない、骨や筋肉、腱や靭帯、神経、内臓、血管……といった、私たちの体を構成する器官がどこにどのように存在していて、それらがどのように作用することで動くことができるのか。解剖学はそれを教えてくれるものです。複雑につくり上げられた人間の体内を、解剖学という地図を持って探検してみましょう！

知っておくべき最低限のこと

▶動きをつくるのは骨と筋肉

体を構成する器官はたくさんあります。すべてが重要な役割を担っているので、すべてを学び把握するのが理想です。が、皆さんは専門家を目指しているわけではありませんから、ひとまずは動きをつくる骨と筋肉について学んでいくのがいいと思います。骨と筋肉であれば、日常生活の中で耳にしたことのある名称も多いでしょう。皮膚の上から、なんとなくかたちを見てとれるものもありますから、実感も得やすいのではないでしょうか。

骨は言葉そのままに、人間の体の土台/骨組みです。骨組みをバラバラにすると、全部で約200個の骨があるといわれています。腕や脚のように長いものもあれば、指のように短いもの、頭蓋骨のように平たいものもあり、それぞれかたちや特徴はさまざまです（背骨を中心に左右は対称）。

▶骨と骨のつなぎ目が関節

骨と骨をつないでいるのが関節で、動きを中心に体のつくりを学ぶ上でとても大切な箇所です。なぜなら、すべての動きは関節のかたちによって決まるからです。そのかたちにそぐわない（もしくは反した）動かし方をすると大きな負担がかかって、傷害を引き起こす危険性が高くなります。

例えば、肩と股関節は「球関節」と呼ばれ、関節を構成するひとつの骨が球状の丸いかたちをしており、もうひとつの骨がそれにスッポリはまる浅いお椀のようなかたちをしています。回転を含み360°自由に動くことができるかたちです。また、ヒジやヒザなどは「蝶番関節」と呼ばれ、ドアのように決まった一方向にしか動かすことができません。

▶骨を動かすのが筋肉

筋肉は、それ自体が伸び縮みをくり返して骨格を動かすという役割を担っています。筋肉の両端は腱により骨（や靭帯）に付着しており、伸びたり縮んだりすることで骨格を、ひいては体を動かしているわけです。

解剖学では、筋肉の付着箇所をそれぞれ「起始」「停止」と呼びます。起始は体の中心に近くてあまり動かないほう、停止は体の中心から遠くてよく動くほうと定義されています。わかりやすい部位でいうと、二の腕の筋肉・上腕二頭筋は肩関節から肘関節にまたがって付いている筋肉で、肩甲骨、上腕骨、前腕骨（橈骨）に関係します。起始は肩甲骨上部に2か所、停止は橈骨に1か所あります。起始と停止からそれぞれ内側に縮むため、ヒジを曲げるという動きが生まれます。

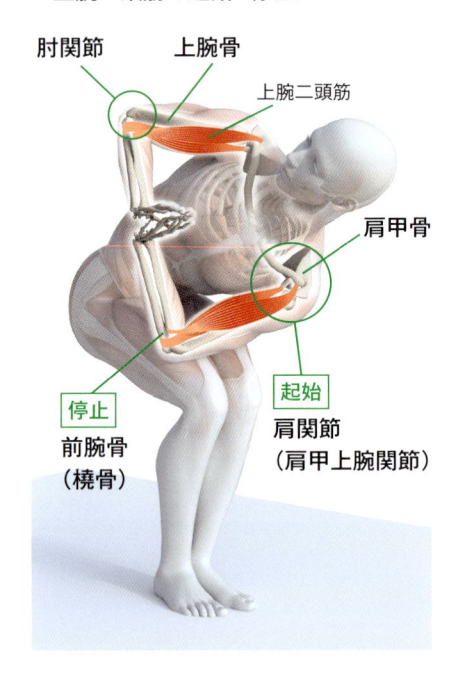

▼上腕二頭筋の起始・停止

肘関節　上腕骨　上腕二頭筋　肩甲骨　起始　肩関節（肩甲上腕関節）　停止　前腕骨（橈骨）

▶インナーマッスルは関節を安定させる

600個以上あるといわれている全身の筋肉を、すべて覚える必要はありません。ヨガに取り組み野球に活かしたいと思う場合は、インナーマッスルから学びを進めるほうが、動きをイメージとしてとらえやすいかと思います。もちろん力発揮に直結するアウターマッスルも大切ですが、ヨガで主に鍛えられる筋肉はインナーマッスルですし、インナーマッスルは関節を安定させるように骨の位置を微調整する働きをするからです。

インナーマッスルが強化されると関節が安定し、ポーズの保持が楽になり

ます。アウターマッスルへの負担も減らすことができるため、ケガの予防にもつながります。また、ヨガでも適切に狙った箇所に効かせやすくなるという側面もあります。

　細かくお伝えしようとしたら、それだけで一冊ができてしまうので、本書ではここまで。この後に部位ごとにどのような筋肉があるのか、細かく紹介していきます。なんとなく眺めるだけでも違いますから、時間のあるときにパラパラめくってみてください。

体には、個人差がある

▶自分の体を知り、自分の動きを極めよう

　体のつくりを説明しようとするときには、ほとんどの場合において20ページにあるような全身の骨格図が必要となるのですが、すべての人の体がこのような骨組みで構成されているのかというと、そうではありません。もしも今、外にいるならばまわりの人たちを見渡してみてください。背の高い人、頭が小さい人、腕が短い人、脚が長い人……さまざまな人がいて、それが個性として輝いているはずです。実際の骨格は、模型通りではなく人それぞれユニークです。

　ヒジは伸ばすとほぼ水平、180度開きます。しかし、肘関節における骨のはまっている角度によっては、生まれながらに170度しか開かない人もいます。反対に180度以上開く人もいます。その差は生まれもったもの、個性であり、どんなにストレッチをしたり、なんらかの練習をしたりしても、関節の開く角度＝可動域は変えられません。

　ここからわかる通り、体の柔軟性を決めるのは筋肉ではなく関節における骨のはまりの角度、つまり関節可動域なのです。人それぞれ骨格が違うから、可動域の限界値も違う。よく言う「ストレッチをして体が柔らかくなる」というのは、筋肉の柔軟性が高まったことで可動域の範囲内で動ける幅が広がったということです。

　なので、もしかしたらこれから紹介するポーズの中で、写真や説明文の通りには骨格の違いでどうしてもできないというものが出てくるかもしれません。もし出くわしたら、それはそれとして受け入れましょう。ヨガにおいて、難しいポーズをできるからすごいということはありません。できないものに挑戦する気持ちは素晴らしいですが、ポーズをつくる過程が大切なので、無理はしないでください。為すべきは、「自分で自分の体の仕組みを知り、自分の動きを極める」というベクトルの努力です。

次ページからは、全身の骨格と筋肉（インナー、アウターともに）をイラストを使って細かく紹介していきます！

本書内で登場するものをメインに（それ以外もあります）、主要な骨格と筋肉、腱の名称とその位置を解剖イラストとともに紹介します。体あっての野球競技。体のことを覚えておいて、損はありませんよ！

全身の骨格

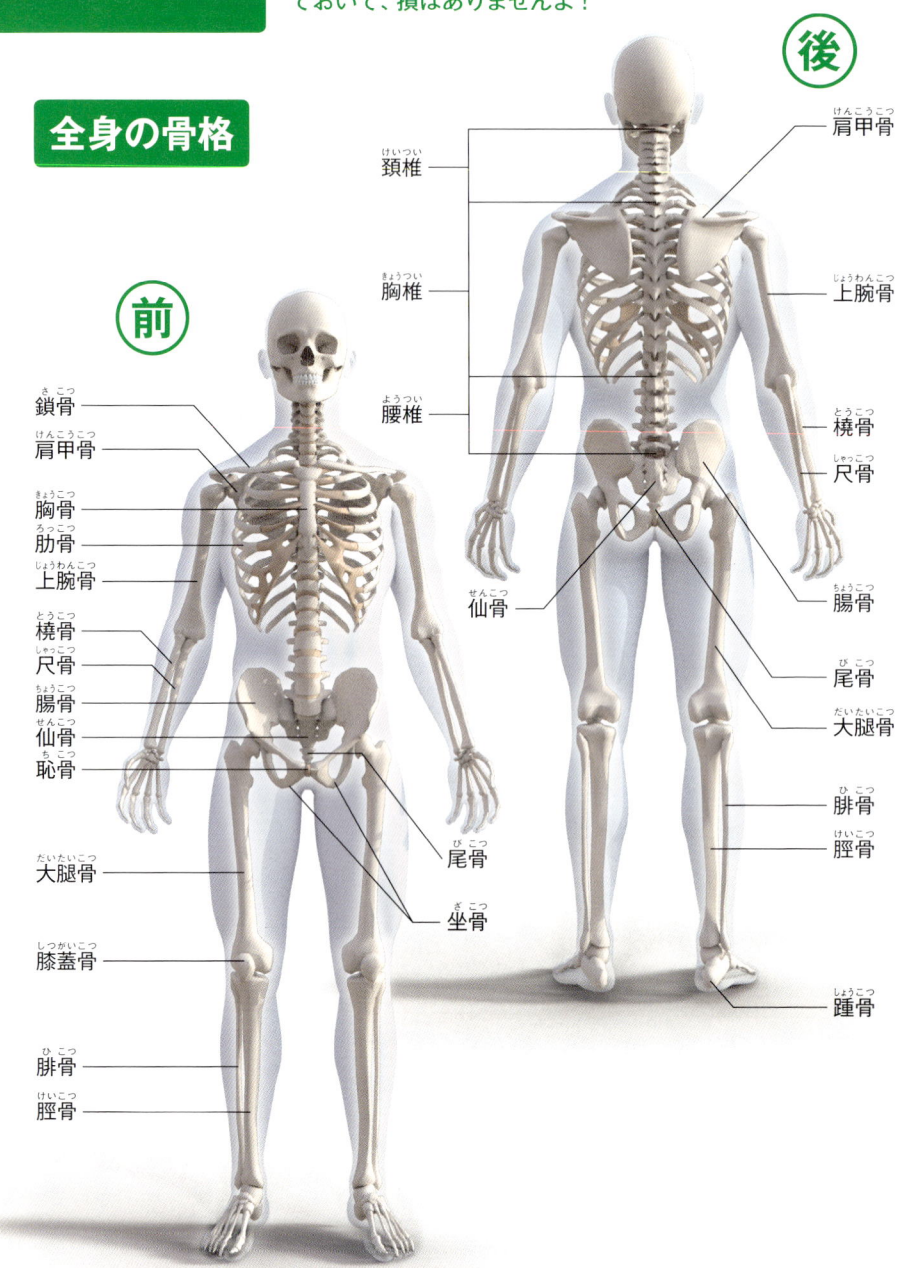

後

- けいつい　頚椎
- きょうつい　胸椎
- ようつい　腰椎
- けんこうこつ　肩甲骨
- じょうわんこつ　上腕骨
- とうこつ　橈骨
- しゃっこつ　尺骨
- ちょうこつ　腸骨
- せんこつ　仙骨
- びこつ　尾骨
- だいたいこつ　大腿骨
- ひこつ　腓骨
- けいこつ　脛骨
- しょうこつ　踵骨

前

- さこつ　鎖骨
- けんこうこつ　肩甲骨
- きょうこつ　胸骨
- ろっこつ　肋骨
- じょうわんこつ　上腕骨
- とうこつ　橈骨
- しゃっこつ　尺骨
- ちょうこつ　腸骨
- せんこつ　仙骨
- ちこつ　恥骨
- びこつ　尾骨
- ざこつ　坐骨
- だいたいこつ　大腿骨
- しつがいこつ　膝蓋骨
- ひこつ　腓骨
- けいこつ　脛骨

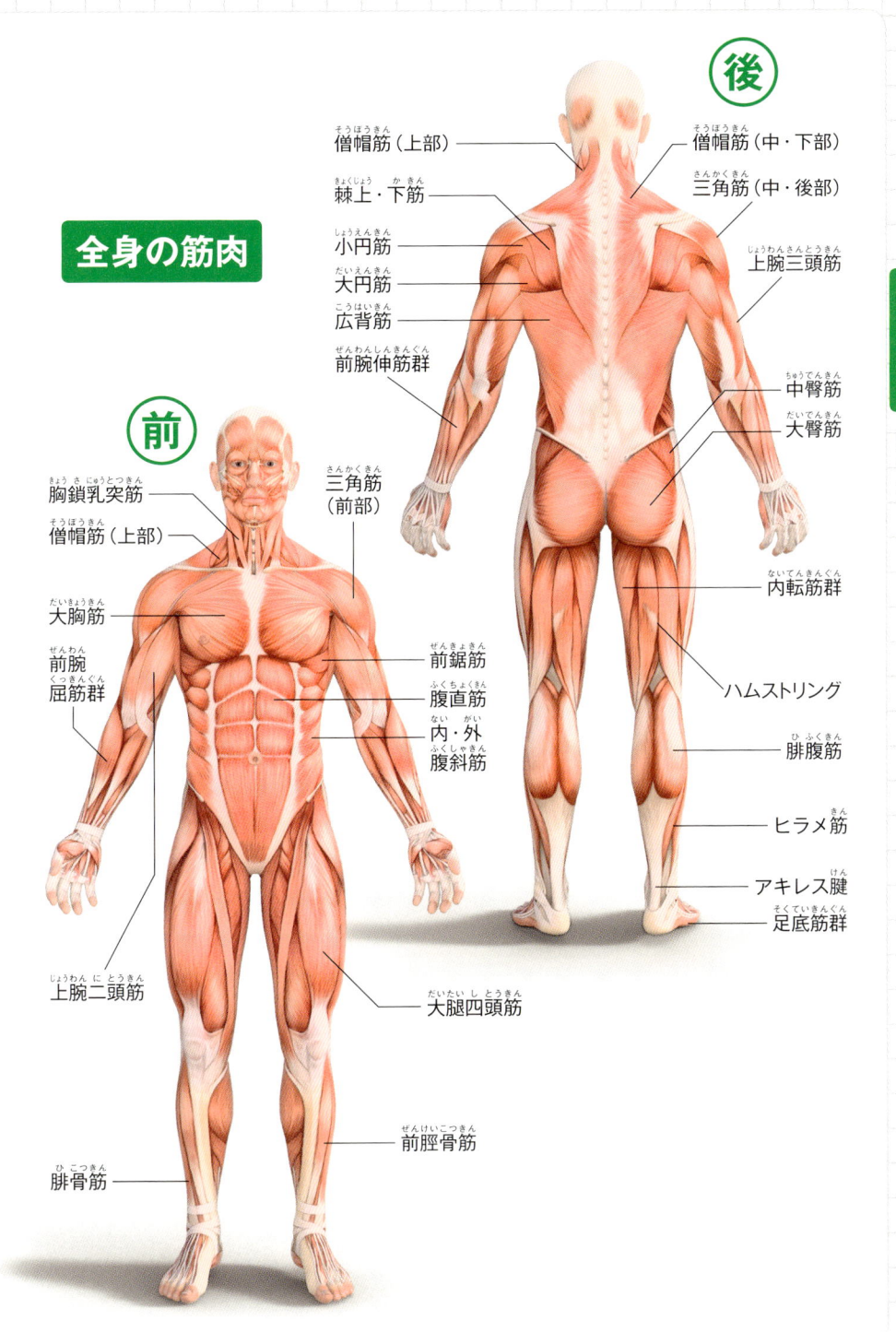

全身の筋肉

後

- 僧帽筋（上部）
- 棘上・下筋
- 小円筋
- 大円筋
- 広背筋
- 前腕伸筋群
- 僧帽筋（中・下部）
- 三角筋（中・後部）
- 上腕三頭筋
- 中臀筋
- 大臀筋
- 内転筋群
- ハムストリング
- 腓腹筋
- ヒラメ筋
- アキレス腱
- 足底筋群

前

- 胸鎖乳突筋
- 僧帽筋（上部）
- 大胸筋
- 前腕屈筋群
- 三角筋（前部）
- 前鋸筋
- 腹直筋
- 内・外腹斜筋
- 上腕二頭筋
- 大腿四頭筋
- 前脛骨筋
- 腓骨筋

頸まわりの筋肉

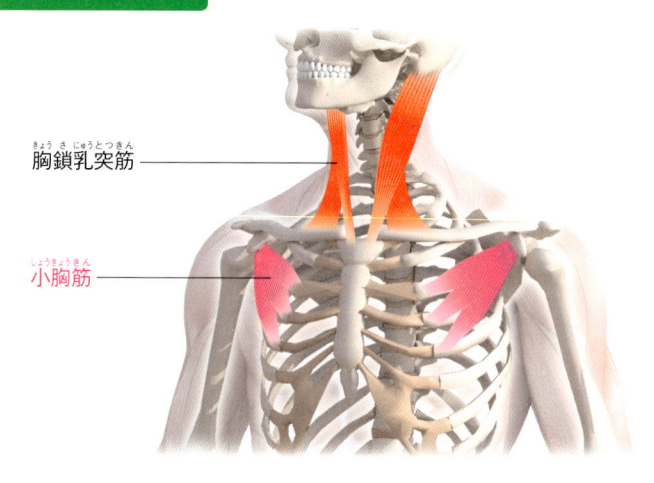

- 胸鎖乳突筋（きょうさにゅうとつきん）
- 小胸筋（しょうきょうきん）

背中の筋肉

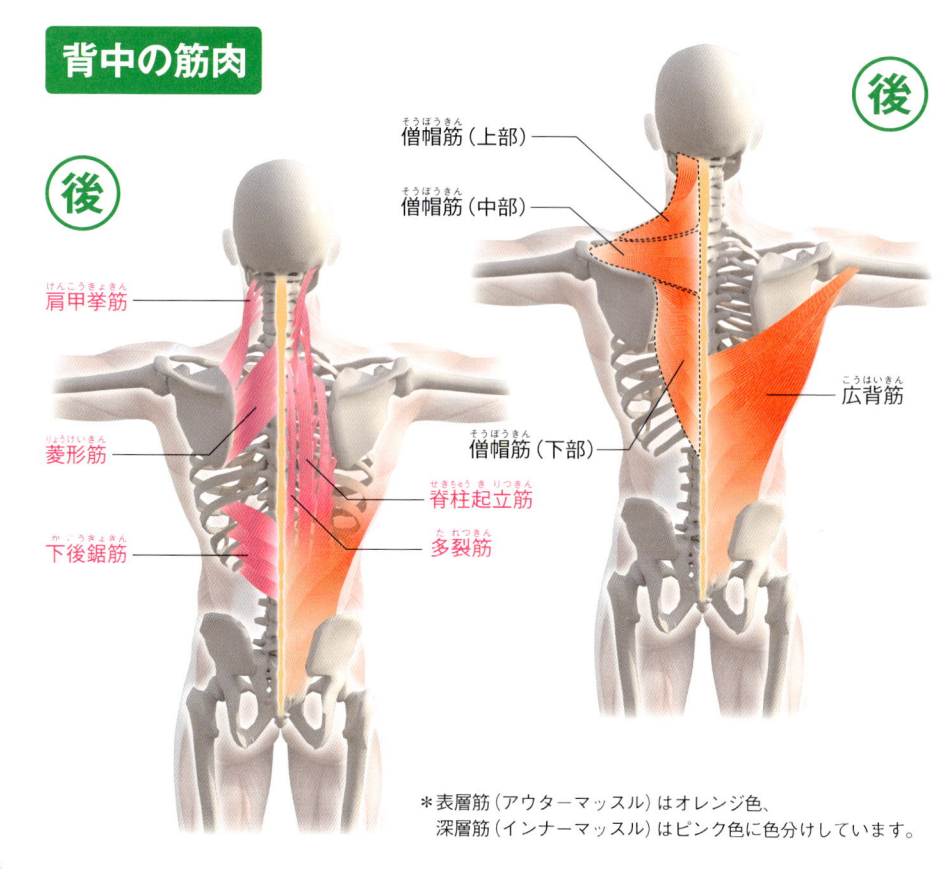

（後）

- 肩甲挙筋（けんこうきょきん）
- 菱形筋（りょうけいきん）
- 下後鋸筋（かこうきょきん）
- 脊柱起立筋（せきちゅうきりつきん）
- 多裂筋（たれつきん）

（後）

- 僧帽筋（上部）（そうぼうきん）
- 僧帽筋（中部）（そうぼうきん）
- 僧帽筋（下部）（そうぼうきん）
- 広背筋（こうはいきん）

＊表層筋（アウターマッスル）はオレンジ色、
　深層筋（インナーマッスル）はピンク色に色分けしています。

腕の筋肉

前

- 三角筋（前部）さんかくきん
- 三角筋（中部）さんかくきん
- 肩甲挙筋けんこうきょきん
- 上腕二頭筋じょうわんにとうきん
- 肩甲下筋けんこうかきん
- 大円筋だいえんきん
- 前鋸筋ぜんきょきん

後

- 肩甲挙筋けんこうきょきん
- 棘上筋きょくじょうきん
- 三角筋（後部）さんかくきん
- 棘下筋きょくかきん
- 小円筋しょうえんきん
- 大円筋だいえんきん
- 前鋸筋ぜんきょきん
- 菱形筋りょうけいきん
- 上腕三頭筋じょうわんさんとうきん

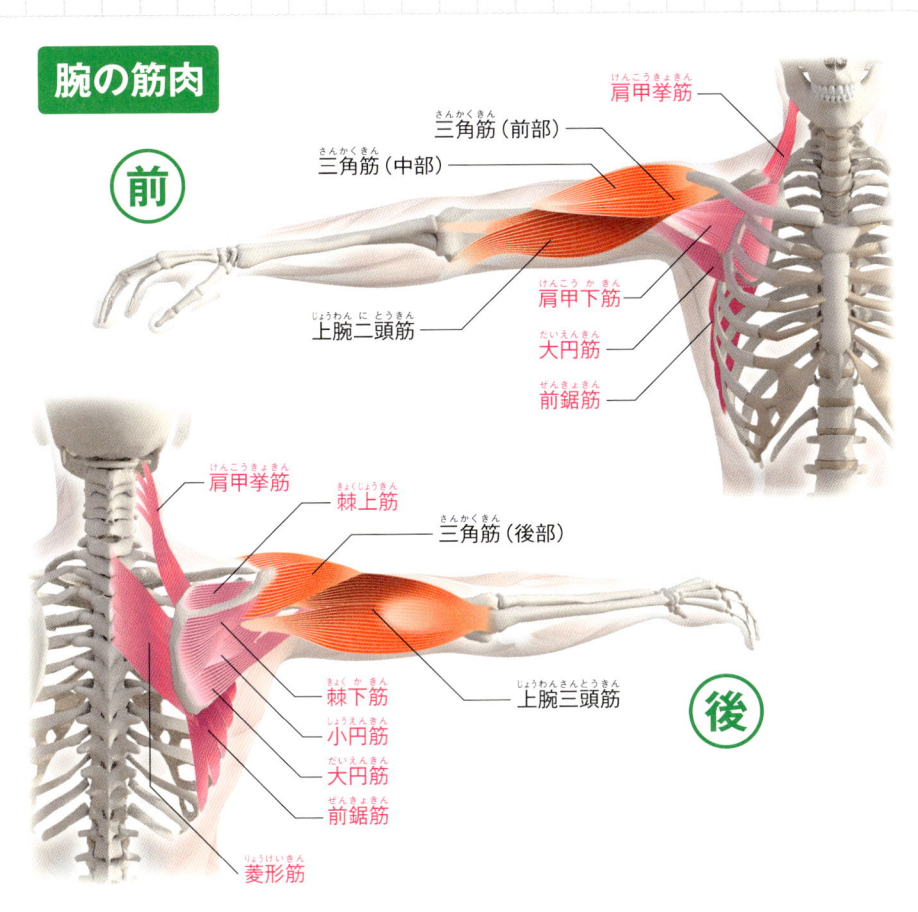

肩甲骨まわりの筋肉 けんこうこつ

前

- 肩甲下筋けんこうかきん
- 大円筋だいえんきん

後

ローテーターカフ

- 棘上筋きょくじょうきん
- 棘下筋きょくかきん
- 小円筋しょうえんきん
- 大円筋だいえんきん

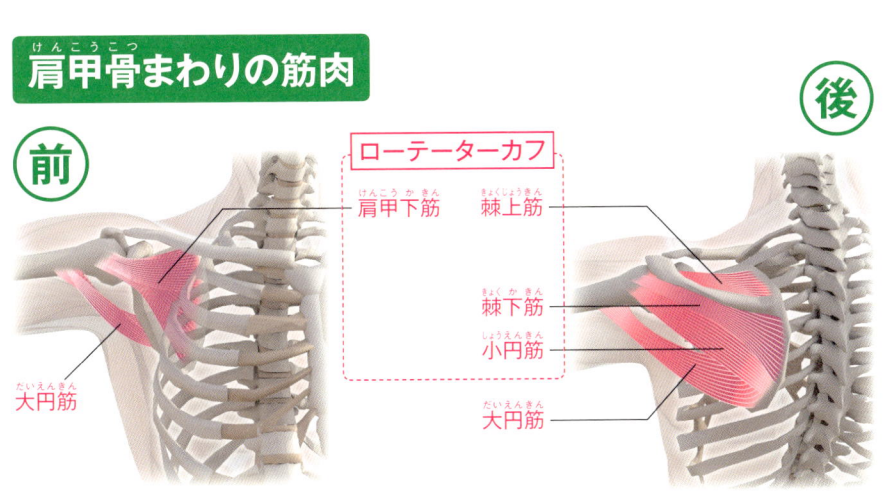

胸の筋肉

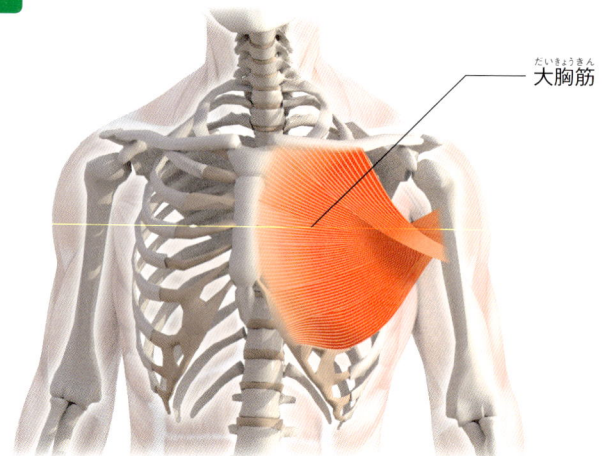

大胸筋（だいきょうきん）

腹部の筋肉

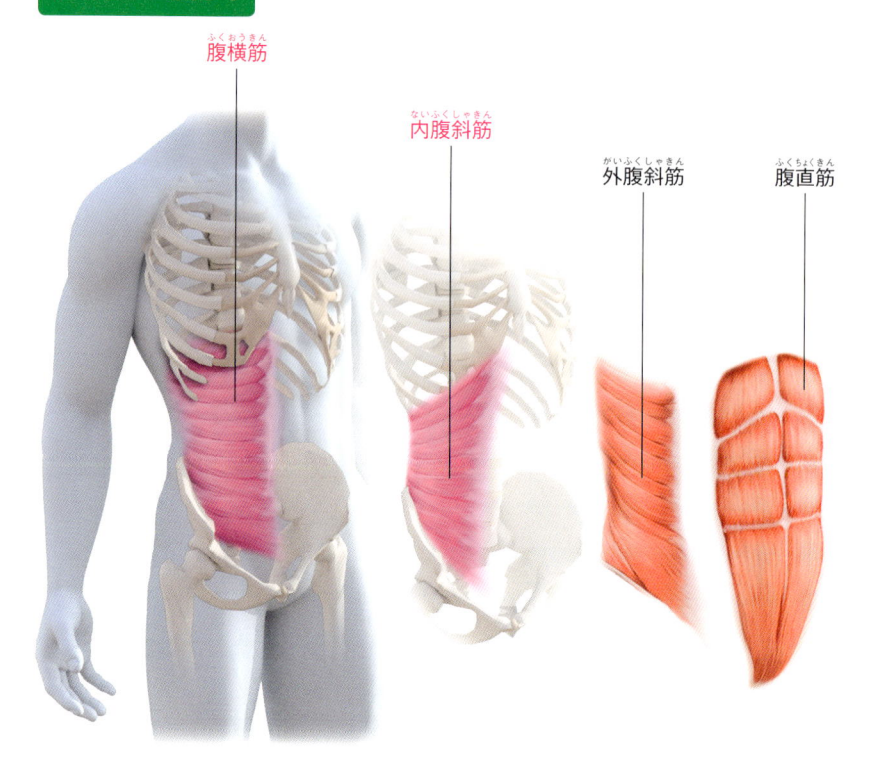

腹横筋（ふくおうきん）

内腹斜筋（ないふくしゃきん）

外腹斜筋（がいふくしゃきん）

腹直筋（ふくちょくきん）

腰まわりと臀部の筋肉

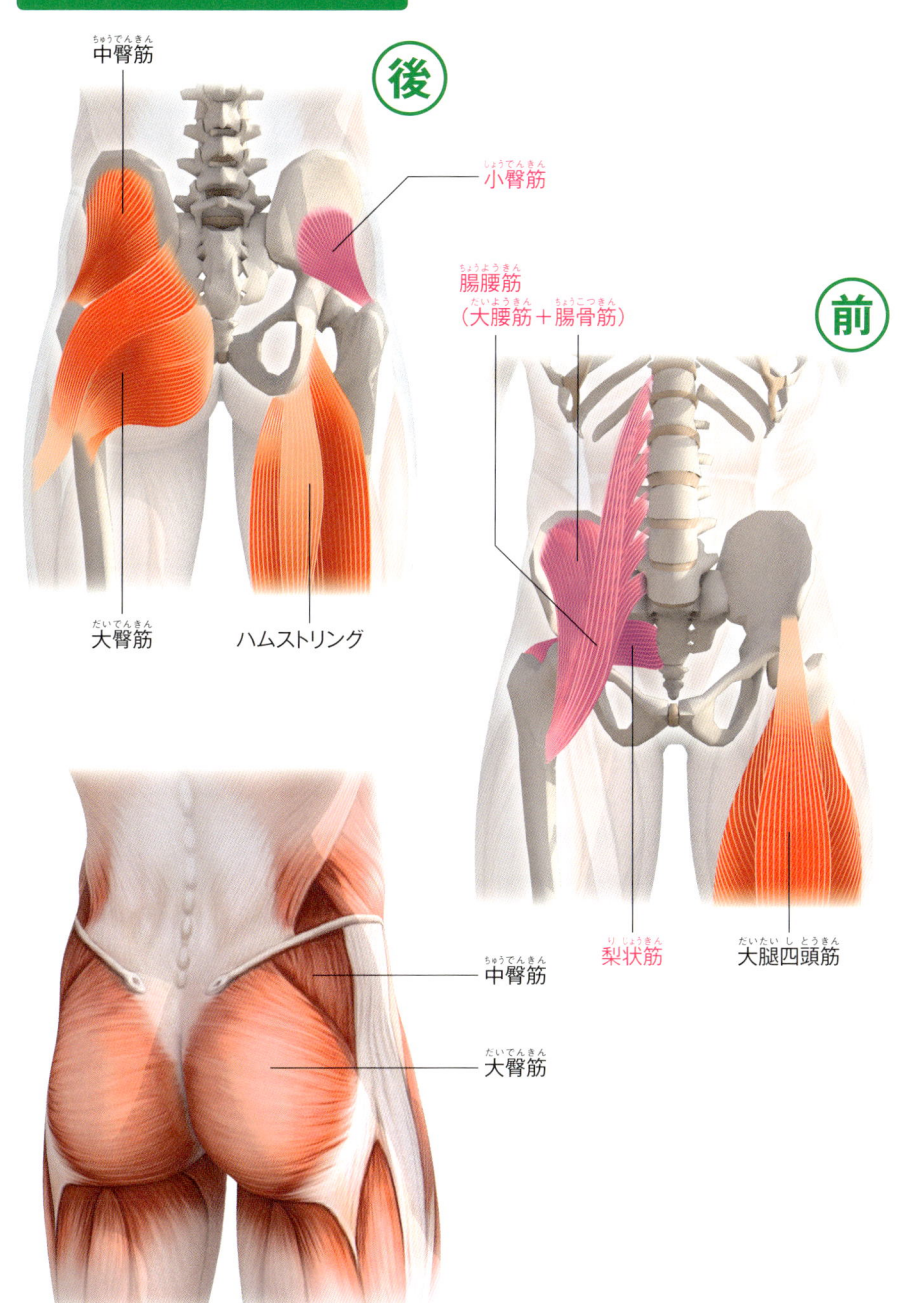

後

中臀筋（ちゅうでんきん）

小臀筋（しょうでんきん）

腸腰筋（ちょうようきん）
（大腰筋＋腸骨筋）（だいようきん＋ちょうこつきん）

前

大臀筋（だいでんきん）

ハムストリング

梨状筋（りじょうきん）

大腿四頭筋（だいたいしとうきん）

中臀筋（ちゅうでんきん）

大臀筋（だいでんきん）

ももの筋肉

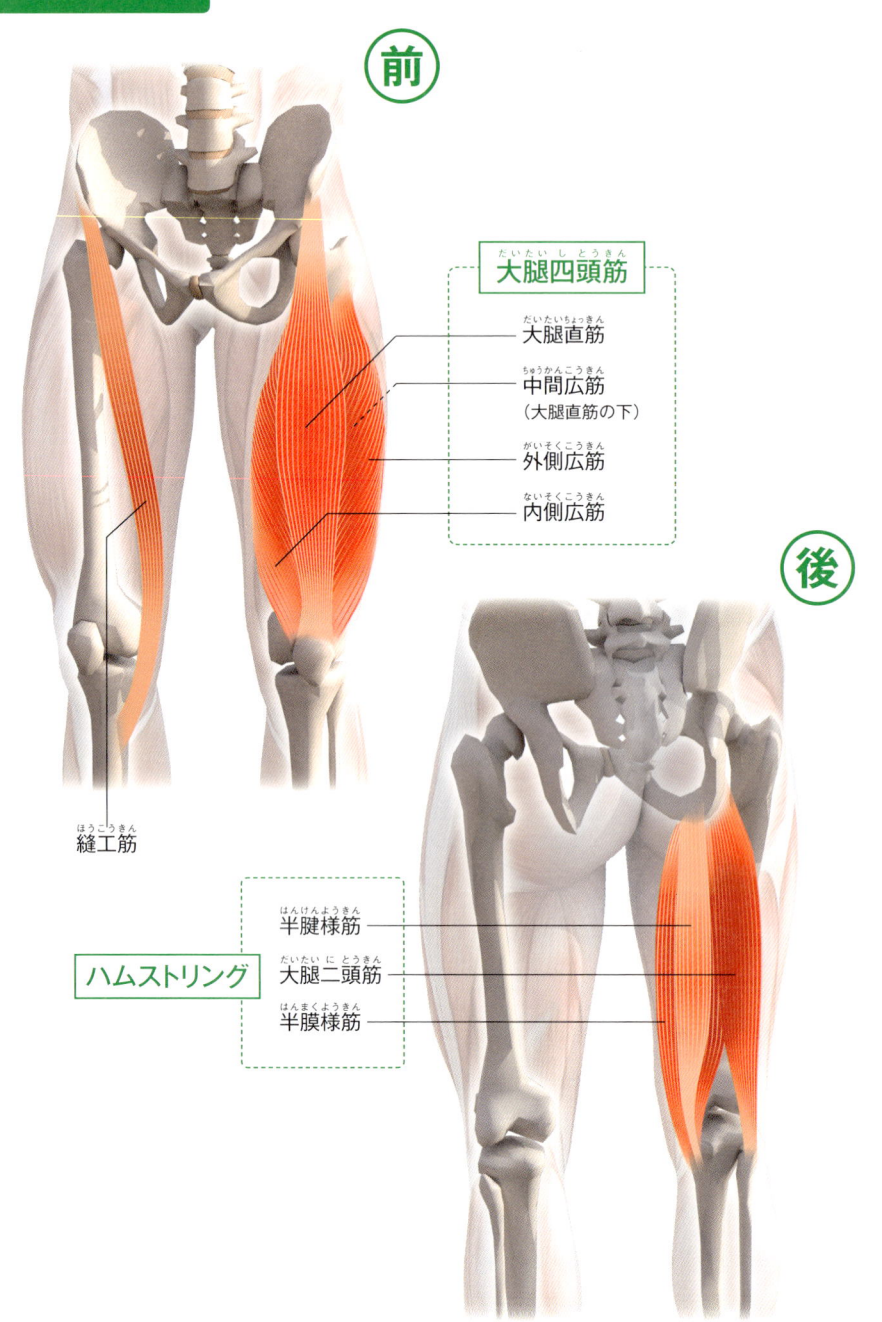

前

大腿四頭筋（だいたいしとうきん）
- 大腿直筋（だいたいちょっきん）
- 中間広筋（ちゅうかんこうきん）（大腿直筋の下）
- 外側広筋（がいそくこうきん）
- 内側広筋（ないそくこうきん）

後

縫工筋（ほうこうきん）

ハムストリング
- 半腱様筋（はんけんようきん）
- 大腿二頭筋（だいたいにとうきん）
- 半膜様筋（はんまくようきん）

下腿の筋肉 （か たい）

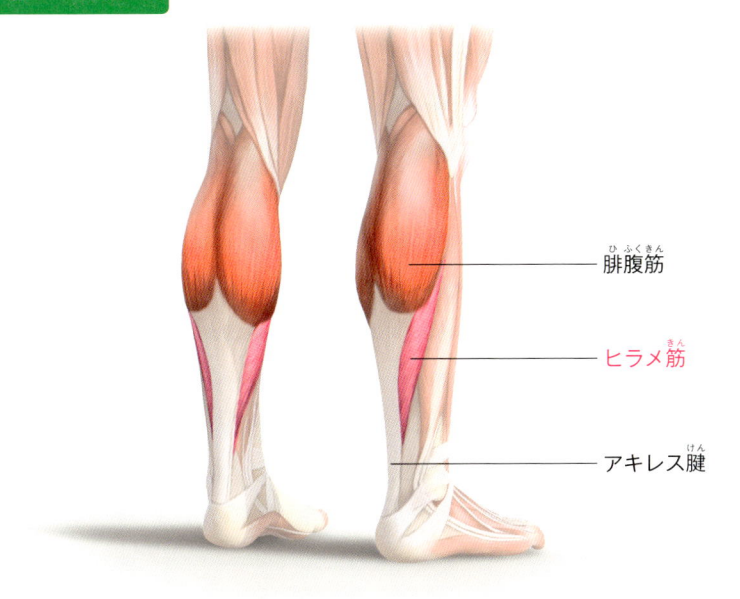

腓腹筋（ひふくきん）

ヒラメ筋（きん）

アキレス腱（けん）

▶解剖図の実践的活用術

骨と筋肉、それらを結びつける腱や靭帯の関係について、解剖図を見てイメージできたでしょうか。人間の体は、本当によくできています。無駄なものはひとつもなく、すべてがシンプルで必要な働きができるように寸分の狂いなく存在しているのです。

捻挫などをして靭帯を伸ばすと、その部分の関節がゆるみ力が入らなくなってしまいます。そういったときはまわりの筋肉が余分に働くことで全身バランスを保ちます。なので、トレーニングやコンディショニングなどで防げるケガはしっかり防いで、人体の設計図を崩さないようにしましょう。

最後に、解剖図を実践に活用するテクニックを紹介します。「タッピング」といって、トレーニングをする際に鍛えている筋肉（箇所）を指先でトントンと叩きます。すると、そこに血液と意識が集中し、トレーニング効果がアップするのです。

またイメージトレーニングをする際にも解剖図は使えます。なぜなら、実際に体を動かしていなくても動きを体の構造を含めてしっかりイメージすると、使う筋肉に血液が集中して動いているときと似た状態になるといわれているからです。ということは、やっぱり筋肉の場所や骨格といった体のことを詳しく覚えていて損はないですよね！

27

効果を深める豆知識 1　動きと呼吸の合わせ方

　これから紹介するエクササイズの説明に、ときどき「吐く息で」や「吸う息で」という言葉が登場します。ヨガは動作と呼吸を合わせて行うものであることは前述の通りですが、本書で紹介する動きのすべてに呼吸の指示を入れると大変なことになってしまいます。なので、絶対に外して欲しくないところのみ入れているわけですが、実はヨガには動作と呼吸の「基本の合わせ方」が存在するのです。

　息を吸うと交感神経が優位に働きます。筋肉は収縮して力が入りやすくなるので、腕や頭を伸ばしたり上に引き上げたり体に力を入れるときに、吸う息を合わせます。そして、息を吐くと副交換神経が優位に働きます。筋肉がゆるみ力を抜きやすくなるので、腕や頭を下ろしたり前屈したり体を脱力するときに、吐く息を合わせます。また、動き出すときは、動きより少し早いタイミングで息を吸ってから動き出すようにします。すると動作に入りやすくなり、ケガもしにくくなります。

　ストレッチでケガ？ と思うかもしれませんが、筋肉は力をかけてゆっくり丁寧に伸ばせば伸ばすほど、そのかたちに慣れて順応していきます。が、そこから急に力を抜いて元に戻そうとすると、伸ばされたゴムがパチン！ と音を立てて縮まるのと同じように、衝撃を受けて痛みやケガが生じてしまうのです。トレーニングやストレッチを行う際、反動を使うのはよくないと言われるのは、このためです。

　息を吸ってから動き始め、ポーズをキープしたら息を吐きながらゆっくり元に戻す。ヨガトレを実践するときには、常に意識しておきましょう！

スタート　　　息を吸いながら　・上向き ・引き上げ　ポーズキープ　　　息を吐きながら　・前屈 ・脱力　ポーズキープ

CHAPTER 2

部位別 トレーニング ヨガ

ここから実践編へと移ります。まずは、野球のパフォーマンスを上げるための体づくりに向けたヨガをご紹介。狙う部位ごとにポーズを分けてはいますが、偏りの出ないようまんべんなくトライしてください。

部位別トレーニングヨガ

概論 トレーニング精度を高めるには

4ポイントを押さえて最大限の効果を！

せっかくヨガをするのなら、その効果を最大限に感じてほしい。これは、私の一番の願いです。というわけで、実践にあたり何をどうすれば最大限の効果を引き出せるのか、トレーニングの精度を高められるのかをお伝えしておきます。

自分の体の重みを感じる

ただ立っているだけ、座っているだけ、寝ているだけでも、ふと意識を内へ向けると自分の体の重み（重力）を感じられると思います。ヨガトレで

はその重みを生かして深層部筋肉を鍛え、状態を整えていくので、ポーズをキープ、移行する際には十分に自分の体の重みを感じとりましょう。

ポーズをしっかりキープする

ポーズにはそれぞれ「ゆったり5呼吸」や「30秒」など、キープする時間が定められています。主な理由は2つ。自分の体の重みを使う自重トレーニング的な側面において、そして関節

の屈曲や体側のねじりなどにより血流に制限を加える加圧トレーニング的な側面において、それぞれの負荷を高めるためです。

POINT 3 動作はゆっくり正確に

ポーズからポーズへと移行する際に、ゆっくり動かすと筋肉に休みを与えずに持続的な緊張状態をつくり出すことができるので、今度はスロートレーニング的な側面が生まれます。また、筋

肉はストレッチがかかった状態から急に元に戻されると痛みが出る恐れがあるため、やはり動作はゆっくり正確に行いましょう。

4 効かせテク！で部位別強化

ヨガのポーズには、<u>1つでいくつかの部位（筋肉）にアプローチするもの</u>が多く存在します。それゆえ狙った箇所にトレーニング効果をヒットさせるためにはちょっとした意識の差が必要となるため、この章ではそれを<u>「効かせテク！」</u>として各ポーズにコメントを添えています。意識の違いで効果が変わるということを、ぜひ実感してください。

圧迫する

血流を制限

体をねじる

踏み込んで効かせる

重みを感じる

ポイントは以上の4つ。やる前にすべてを意識して……と思うと頭がこんがらがってしまうと思うので、まずはポーズをとってみて。少しヨガに慣れてきたら、こういったアドバイスを思い出して、もう一度トライしてください！

ポジション別トレーニング重要度

野球のポジション×体の部位で判別
何をすべきかスグわかる！

ローテーターカフ（肩甲下筋・棘上・棘下筋・小円筋）

部位	頸周辺		肩まわり		肩甲骨周辺						腕				胸部	
筋肉名称	胸鎖乳突筋	僧帽筋（上部）	三角筋（前・中・後部）	肩甲挙筋	肩甲下筋	棘上・棘下筋	小円筋	大円筋	菱形筋	前鋸筋	上腕二頭筋	上腕三頭筋	前腕伸筋群	前腕屈筋群	大胸筋	小胸筋
ピッチャー	○	○	○	○	◉	◉	○	○	◎	◎	○	○	◉	◉	○	○
キャッチャー	○	○	◉	○	◉	◉	◎	◎	○	○	○	◉	◉	◉	◉	○
内野手	○	○	◉	○	◉	◉	◉	◉	◎	○	◉	◉	◉	◉	◉	○
外野手	○	○	◉	○	◉	◉	◎	○	◎	○	◎	◎	◉	◉	◉	○

※筋肉名の青色は表層筋（アウターマッスル）、赤色は深層筋（インナーマッスル）を示しています
※重要度の優先順位 1位＝◉、2位＝◎、3位＝○

次ページからは、たくさんのトレーニングを目的としたヨガポーズを紹介していくのですが、それぞれのポーズに、体のどこの部位（筋肉）に効くのかを記載しています。ここでは皆さんが自分に必要なトレーニング箇所を把握しやすいように、野球のポジションごとの動きを踏まえ、どこの部位を優先的に鍛える必要があるのかを「トレーニング重要度」としてお伝えしておきます。もちろん全身くまなく鍛えることが重要ですが、優先順位の参考にしてください。

腹部				背中〜腰まわり				臀部				もも前・裏・内			下腿		足
腹直筋	腹横筋	外腹斜筋	内腹斜筋	広背筋	僧帽筋（中・下部）	脊柱起立筋	多裂筋	大臀筋	中臀筋	小臀筋	梨状筋	大腿四頭筋	ハムストリング	内転筋群	腓骨筋	ヒラメ筋	足底筋群
●	●	●	●	●	◎	◎	◎	●	●	●	●	●	●	●	●	●	●
●	●	●	●	●	●	●	●	○	○	○	○	●	●	●	●	●	●
●	●	●	●	●	●	◎	◎	◎	◎	◎	◎	●	●	●	●	●	●
●	●	●	●	●	●	●	●	◎	◎	●	●	●	●	●	●	●	●

肩 まわり ▶▶▶▶▶▶▶

肩まわりを鍛えると……

投動作、スイング動作、ランニングフォームが安定し、制球力、バッティング力、走りのスピードが高まる！

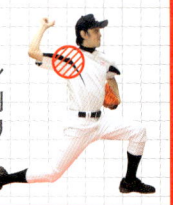

効かせテク！
手で肩甲骨の間を押す

ポーズ 1 牛面（ぎゅうめん）

ターゲット

三角筋（後部）、僧帽筋（上・中部）、菱形筋

▶ 脚を交差し、ヒザを重ねて座る。
▶ 脚が上になった側の手のひらを肩甲骨の間におく。
▶ キープしたら、反対側も同様に。

ゆったり5呼吸キープ

効かせテク！
手のひらを押し合う

ポーズ 2 座位の イーグル

ターゲット

三角筋（中・後部）、僧帽筋（上・中部）、菱形筋

▶ 脚は「牛面」のまま、腕を肩の高さまで上げ、ヒジより上腕寄りで交差する。
▶ 両ヒジを曲げ、手のひらを押し合って肩甲骨を開く。
▶ 重ねた手とヒジとが一直線になるよう、またヒジが下がらないように意識してキープ。
▶ 反対側も同様に。

ゆったり5呼吸キープ

34

プランク

ターゲット
三角筋（後部）、僧帽筋（上・中部）、菱形筋

ゆったり
5呼吸キープ

効かせテク!
手のひらで床を押す

体幹を使ってキープ!!

▶肩の真下に手をつき、両脚を伸ばしてつま先を立てて体を持ち上げる。
▶頭から腰、かかとまで、一枚板のように真っすぐの状態をキープ。
▶骨で支えるイメージで、おなかが落ちやすいので気をつけて！

チャタランガ

ターゲット
三角筋（後部）、僧帽筋（上・中部）、菱形筋

ゆったり
5呼吸キープ

効かせテク!
脇を締め続ける

▶「プランク」からつま先で床を後ろに蹴るように押して体を前にスライドする。
▶床についた手首よりも肩が前に出たら、ヒジを90°に曲げながら引いて、キープ。

ポーズ5 肘つきプランク

ゆったり
5呼吸キープ

効かせテク!
前腕全体で床を押す

▶よつばいから肩の真下にヒジをつく。
▶脚を伸ばしてつま先立ちになり、体は「プランク」（P.35）同様真っすぐの状態をキープする。

ポーズ6 イルカ

ターゲット
三角筋、僧帽筋（上・中部）、菱形筋

ゆったり
5呼吸キープ

効かせテク!
耳と肩を
できるだけ離す

▶「肘つきプランク」からつま先を前に歩かせて、おしりを高く突き上げる。
▶手は額の前あたりで組んで、顔は床と水平。
▶ヒジから小指まで前腕全体で床を押す力で肩甲骨をおしりの方向へ引き寄せ、腹筋は締めた
　状態をキープ。

腕 ▶▶▶▶▶▶▶▶▶▶

腕を鍛えると……

投動作、スイング動作が安定し、制球力やバッティング力が高まると同時に、肩・ヒジ・手首といったよく使われる関節への負担を軽減できる！

ポーズ 1　テーブル

ターゲット
三角筋（後部）、上腕三頭筋

ゆったり 5呼吸キープ

▶ 足を腰幅に開き、ヒザを曲げた状態で座る。
▶ ヒジを伸ばし、指先をおしりに向けて手を床につく。
▶ 手のひらと足裏で床を押して、おなかを引き上げおしりを持ち上げる。
▶ ヒザの真下にかかと、肩の下に手首がくるように。

効かせテク！
手のひらと足裏で床を押す

ポーズ 2　上向きのプランク

ターゲット
三角筋（後部）、上腕三頭筋

▶ 両足のつま先をつけて長座をする。
▶ ヒジを伸ばし、指先をおしりに向けて手を床の少し後ろ目につく。
▶ 手のひらと足裏で床を押して、おなかを引き上げおしりを持ち上げる。
▶ 頭からつま先までを斜めの一直線にしてキープ。

ゆったり 5呼吸キープ

効かせテク！
手のひらと足裏で床を押す

POINT! 「テーブル」も「上向きのプランク」も、おしりや腰を締めすぎないように。おなかを引き上げて、腕で重さを支えることで部位のトレーニングになります。

ポーズ 3 サイドプランク

ゆったり
5呼吸キープ

効かせテク！
手のひらと、重ねた下の足のへりで床を押して腰を引き上げる

▶「プランク」（P.35）から片手を離して腰へ。
▶もう片方の手は肩の真下で床につき、全身を斜め45°の角度に保つ。
▶両足の内くるぶしとヒザを揃えて、下の足のへりだけを接地した状態にして床を押す。
▶反対側も同様に。

ポーズ 4 うつ伏せのロータス

ゆったり
5呼吸キープ

効かせテク！
頭と手の中指、つま先を引っ張り合う

▶足を腰幅に開き、腕は体側、手のひらは床につけてうつ伏せになる。
▶足の甲を床についた状態から、背筋を意識してアゴと胸半分を引き上げる。
▶ももの付け根から脚を浮かせて、腕を二の腕を縮めるように床から引き上げて肩甲骨を寄せる。

胸部

ポーズ 1 スコーピオン

ターゲット
大胸筋、小胸筋

ゆったり
5呼吸キープ

効かせテク！
手のひらで床を押し、脇を締め続ける

▶「プランク」(P.35)から片足を高く上げる。

▶そのままヒジを曲げて「チャタランガ」(P.35)に入って体幹を締め、脚を反り上げたポーズでキープ。

▶足を下ろして「プランク」に戻ったら、反対側も同様に。

ヨガトレmemo

いい投球の秘訣は、胸筋！

　大胸筋（と小胸筋）は、腕と体幹部（胴体）をつなぐ役目を果たしています。これらが縮まりながら力発揮することで、例えばバッティング時に体幹部（の回転運動）と腕を連動させて力強く振り抜けるようになります。ピッチングでは、利き腕を後ろに引いて構えるときに大胸筋が伸びながら力発揮することで、腕をスムーズに振れるようになりますし、肩関節の安全性も高めてくれます。また、加速してボールをリリースするときには体幹の回転に対して腕が送られすぎないように、縮まりながら力発揮します。腕を前に走らせる胸の筋肉の伸張・収縮をうまく使ったピッチングならボールの伸びがよく、バッターにとって打ちにくい球になるともいわれています。

腹部 ►►►►►►►

腹部を鍛えると……

上半身と下半身との連動がスムーズに行えるようになり、ベーシックな動きがより大きく、力強く、素早く行えるようになる！

ポーズ 1 ## ヒザ上げよつばい

ターゲット
腹直筋、腹横筋

効かせテク！
下腹部を背骨側に引き込むように呼吸する

ゆったり 5呼吸キープ

► 肩の下に手、股関節の下にヒザがくるようによつばいになる。
► 手とつま先で床を押し、両ヒザを浮かせてキープ。

「Z」はアゴを引くと腹に力が入るよ!!

ポーズ 2 Z

ターゲット
腹直筋、腹横筋

► ヒザ立ちになり、手のひらを下に向け、両腕を肩の高さで前に伸ばす。
► 上半身を後ろに倒し、頭からヒザまでを真っすぐにして全身で「Z」のようなかたちをつくる。

ゆったり 5呼吸キープ

効かせテク！
後傾させるほど効果あり

40

ポーズ 3 前腕を使った脚上げプランク

ターゲット
腹直筋、腹横筋

ゆったり
5呼吸キープ

効かせテク!
前腕で床を押す

▶ よつばいから肩の下にヒジをつき、前腕を床につける。
▶ 脚は真っすぐに伸ばしてつま先を立て、頭からかかとまでが一直線になる「プランク」(P.35)に。
▶ バランスがとれたら、片脚を高く上げてキープ。

ポーズ 4 前腕を使ったサイドプランク

ターゲット
腹斜筋、腹横筋

ゆったり
5呼吸キープ

効かせテク!
重ねた下の足の
へりで床を押す

▶ よつばいから肩の下にヒジをつき、前腕を平行にして床につける。
▶ 脚は真っすぐに伸ばしてつま先を立て、頭からかかとまでが一直線になる「プランク」に。
▶ 体を横に開き、上になった手を床についてバランスをとる。
▶ キープを終えたら、反対側も同様に。

 ポーズ 5

三方向引き寄せプランク

A

ターゲット

腹斜筋、腹横筋

▶「プランク」(P.35) から、吸う息で片ヒザの内側をヒジの外側に近づける。

▶吐く息で元に戻す。

効かせテク!
ヒザをヒジより高い位置でキープ

ターゲット

腹斜筋、腹横筋

▶Aの姿勢からつま先は床につけずに「プランク」に戻る。

▶吸う息で片ヒザを遠いほうのヒジの内側に近づける。

▶吐く息で元に戻す。

B

効かせテク!
ねじるときに、おしりを下げる

効かせテク!
両手で床を押し、背を丸める

C

ターゲット

腹直筋

▶「プランク」から、吸う息で片ヒザを額に近づける。

▶このまま深くて長い呼吸を1回したら、元に戻す。

▶A→B→Cで1セット。

▶3回くり返したら、反対側も同様に。

1セット ×3回

ポーズ 6 レッグレイズ

ターゲット
腹直筋、腹横筋

▶あお向けになり、両手の親指をクロスして頭上に伸ばす。

▶両足を揃えて真っすぐに持ち上げたら、片脚ずつ上げ下ろしする。

▶手の甲で床を押し、アゴを引いて腹筋を意識。

▶下ろした脚は、床につかないようにする。

効かせテク！
腰が床から浮かないよう腹圧をかけ続ける

効かせテク！
ゆっくりと時間をかけて上げ下ろし

左右交互に
20回

ポーズ 7 片脚引き寄せ

ターゲット
腹直筋、腹横筋

効かせテク！
おなかの力で頭を起こす

ゆったり
5呼吸キープ

▶あお向けになり、脇を締めて片ヒザを抱える。

▶肩甲骨が床から離れるところまで頭を起こしてヒザと額をできるだけ近づける。

▶伸ばしている脚を床から少し浮かせた状態でキープ。

▶反対側も同様に。

あお向けのツイスト

ターゲット
腹斜筋

ゆったり
5呼吸キープ

効かせテク!
ヒザの角度を維持

▶あお向けになり、両腕は手のひらを上にして肩のラインで伸ばす。
▶足を揃えたまま股関節とヒザを90°に曲げ、横に倒して床から少し浮かせる。
▶顔は脚とは反対を向いて、ヒザの間が離れないように意識してそのままキープ。
▶反対側も同様に。

ハイランジツイスト

ターゲット
腹斜筋、腹横筋

▶脚を前後に大きく開く。
▶前脚のヒザが足首の上にくるよう曲げ、後ろ足はつま先で床をとらえてヒザを伸ばす。
▶両腕は肩のラインで外側に向かって伸ばし、手のひらは体の正面に向ける。
▶吐く息で上半身を側面に向けて回し、おしりを落として前脚の太ももが床と平行になるようにしてキープしたら、反対側も同様に。

ゆったり
5呼吸キープ

効かせテク!
中心軸がずれないようにツイスト

サイドアングル

ターゲット
腹横筋、腹斜筋

ゆったり
5呼吸キープ

効かせテク！
アゴを引いて、
頭が落ちない
ようキープ

効かせテク！
両足で床をしっかり踏み込んで重い上体を支える

▶脚を左右に大きく開く。
▶後ろ足のつま先を少し内側に向け、かかとで床を押してしっかり伸びるような角度をとる。
▶手のひらを向かい合わせに両腕を伸ばしたら頭上でV字をつくる。
▶上半身を横に倒してキープしたら、反対側も同様に。

POINT!
後頭部から後ろ足までが一直線を描くイメージでポーズをとりましょう。両腕の内側は、耳の横。肩の力は抜いて、背筋も使って引き上げてキープすると、なおいいです。

腹部のトレーニングを中心に
「体幹強化」をテーマとした
トレーニングも紹介しています！

P66へ

背中 ▶▶▶▶▶▶▶

背中を鍛えると……

肩甲骨や上腕の動きが安定し、プレーにブレがなくなって投球フォームがダイナミックになる!

ポーズ 1 バッタ1

ターゲット
僧帽筋、広背筋

効かせテク!
肩甲骨の間を寄せる

ゆったり
5呼吸キープ

▶うつ伏せになり、両脚を真っすぐ伸ばす。
▶両手を腰の後ろで組み、両手に引っ張られるように上体を起こして胸を反らす。
▶同時に、脚をももから引き上げ、ヒザを伸ばしてキープ。

ポーズ 2 バッタ2

ターゲット
広背筋、大臀筋

POINT!
手首を曲げて握りこぶしで押し上げるようにして、そけい部リンパも刺激しよう!

効かせテク!
背中の力で脚を上げる

ゆったり
5呼吸キープ

▶うつ伏せになり、両手を軽く握ってそけい部にあてる。
▶両足を揃えたまま、吐く息で脚を付け根から引き上げキープ。

ポーズ 3 コブラ

ターゲット
僧帽筋、広背筋

ゆったり
5呼吸キープ

効かせテク!
脇を締め続ける

▶うつ伏せになり、両手の指先を広げて胸の横におく。
▶ヒジを90°に曲げて体側に引き寄せたら足を腰幅に開く。
▶足の甲とももを床につけ、吸う息で上体（胸まで）を起こしてキープ。

ポーズ 4 弓

ターゲット
僧帽筋、広背筋

ゆったり
5呼吸キープ

効かせテク!
肩甲骨の間を寄せる

腹圧で床を押すと
上体がアップするよ！

▶うつ伏せになり、ヒザを曲げてかかとをおしりに近づける。
▶両手を後方に伸ばして足首の外側をつかんだら、吸う息で足を後方に蹴り上げる力で腕を引き上げる。
▶腕に引っ張られる力を使って胸を床から持ち上げ、上に伸び上がるイメージでキープ。

ポーズ **5** エアプレイン

ターゲット
僧帽筋、三角筋

効かせテク！
頭、指先、かかとの三点で引っ張り合う

▶ハイランジ（P.44「ハイランジツイスト」参照）の脚をつくったら、上体を前に倒す。

▶後ろ足かかとから頭までを一直線にし、両腕は指先まで伸ばして斜め下に引っ張り続ける。

▶脚を入れ替えて、もう一度。

ゆったり5呼吸キープ

ポーズ **6** 三角ツイスト

ターゲット
僧帽筋、広背筋

▶つま先を外向きにして横に両足を大きく開いて立ち、後方のつま先を少し内側に向ける。

▶両腕を肩のラインで伸ばし、肩の力を抜いてリラックスしたら、吐く息で前方の脚へ向かって上体をねじりながら倒す。

▶下の手は足首を持ち、上の手は指先まで伸ばしたら、目線は上の手にしてキープ。

▶反対側も同様に。

ゆったり5呼吸キープ

効かせテク！
背筋を伸ばして胸を張る

ターゲット
広背筋、大臀筋

ゆったり
5呼吸キープ

効かせテク!
かかと重心でおしり
を下に落とす

POINT!
おしりは後ろに引くだけでは出っ尻になってしまいますが、坐骨を床に向かって落とすことで背中のトレーニングになります。深く下ろしてパワフルにポーズしましょう!

▶腰幅に足を広げて真っすぐ立った姿勢から、吐く息でおしりをゆっくり引き下げて、両腕は耳を挟むようにして斜め上に伸ばす。

▶肩を少し落として、指先を広げてキープ。

腰はどっしり!!
頭は遠くに!!

腰まわり ▶▶▶▶

腰まわりを鍛えると……
投球動作やスイング動作にキレが生まれ、フォームが安定し、コントロール力が高まる!

ポーズ 1 半らせんのツイスト

ターゲット
中臀筋、腹斜筋、広背筋

▶ 両脚を伸ばして座り、片脚のヒザを曲げ、伸ばしている脚の外側に足裏をつく。

▶ もう片方のヒザも曲げて、足を立てている脚のおしりの横におく(おしりはかかとに乗せない)。

▶ 曲げて寝かせている脚側の手を、立てているヒザの外にかけ、ヒジとヒザとを押し合う。

▶ 吸う息で背筋を伸ばし、吐く息で上体を後方にねじってキープ。

▶ 一旦手脚を解放したら、反対側も同様に。

効かせテク!
胸(肋骨)とももの内側を近づける

ゆったり 5呼吸キープ

効かせテク!
恥骨を天井に押し上げるように

ゆったり 5呼吸キープ

ポーズ 2 腰上げ合せき

ターゲット
大臀筋、中臀筋、広背筋

▶ あお向けになり、両腕は手のひらを床に向けて斜め下に伸ばす。

▶ 足裏同士をしっかり合わせて、小指のへりで床を押す。

▶ 吐く息で腰を引き上げてキープ。

ポーズ3 ダウンドッグ

ターゲット
広背筋、大臀筋

ゆったり
5呼吸キープ

効かせテク!
かかとを床に
下ろし続ける

▶ よつばいからつま先を床にかけ、両手で床を押しながら吸う息で背骨を伸ばすようにして腰を持ち上げる。

▶ かかとを床につけてヒザを伸ばし、肩、首、頭はリラックス。

手や足で床を
押す力を利用!!

ポーズ4 開脚前屈のツイスト1

ターゲット
広背筋、中臀筋、大臀筋

▶ 脚を大きく広げて立ち、背筋は真っすぐのまま前屈（床と水平）する。

▶ ねじりたい方向の手を腰にあてて、反対の手で外ももをつかんで引き下げる腕の力を利用して体をねじる。

▶ 反対側も同様に。

ゆったり
5呼吸キープ

効かせテク!
上の肩を後ろに
引いて胸を開く

chapter 2

部位別トレーニングヨガ

ポーズ 5

開脚前屈の
ツイスト2

ターゲット

僧帽筋、広背筋、中臀筋、大臀筋

▶「開脚前屈のツイスト1」（P.51）から、両手を上下に伸ばしてキープ。
▶反対側も同様に。

POINT!

頭が下がらないよう引き上げ、両腕を大きく開くときに体幹のトレーニングになります。

効かせテク！
上体は床と水平をキープ

ゆったり5呼吸キープ

ポーズ 6

ヒザを曲げた
サイドアングル

ターゲット

広背筋、中臀筋、大臀筋

▶「サイドアングル」（P.45）から前脚のヒザを曲げてキープ。
▶反対側も同様に。

効かせテク！
斜めの一直線をつくる

ゆったり5呼吸キープ

臀部

臀部を鍛えると……

体幹が強化され、骨盤が安定し、方向転換などの切り替えがより素早く、スムーズになるほか走力やジャンプ力の強化にもつながる!

ポーズ 1 よつばいバランス

ターゲット
大臀筋

ゆったり
5呼吸キープ

効かせテク!
手で床を押し、腹筋を引き込む

▶ 肩の下に手、股関節の下にヒザをついてよつばいをつくり、片手片脚を互い違いに上げる。

▶ 手は肩の高さでヒジを伸ばし、脚はおしりの高さでヒザを伸ばし、アゴを引いて指先からかかとまでが一直線になるようにバランスをとる。

▶ 視線は下を見て後頭部を床と平行に、ゆったり5呼吸キープしたら手脚を入れ替え、同様に。

骨盤をかぶせ、スピンする
スピードとパワーがアップ!!

横寝でのレッグレイズ

ターゲット
中臀筋

左右ともに
10回

効かせテク！
上下する足のかかとを
上げてつま先を下げる

▶ 横向きに寝た状態から手とヒジをついて上体を持ち上げる。

▶ 下の股関節とヒザをそれぞれ90°に曲げて、上の脚はかかとから上げ、かかとは上げたままゆっくりと下げる（床には着地しない）

▶ 上下の動きをくり返して、反対側も同様に。

ゆったり
5呼吸キープ

ヨット

ターゲット
大臀筋、中臀筋、小臀筋

▶ あお向けで、体から少し離したところに手のひらを下にしておく。

▶ ヒザの下にかかとがくるようヒザを曲げ、腰を持ち上げる。

▶ 片脚のヒザを伸ばし、つま先を天井に向ける。

▶ キープしたら一旦戻して、反対側も同様に。

効かせテク！
足裏で床を押し、
腰を高く上げる

ポーズ4　武将I

ターゲット
中臀筋、小臀筋

ゆったり
5呼吸キープ

▶脚を前後に大きく開く。
▶骨盤と肩が前脚に向くように、前脚のつま先は前に、後ろ脚のつま先は少し斜めに向ける。
▶息を吸いながら両腕を持ち上げ、吐く息で腰を落とし、踏み込むように前脚のヒザを曲げる。
▶キープしたら、反対側も同様に。

効かせテク！
後ろかかとで床を押し、前ヒザを直角に

ポーズのつくり方
後ろ足かかとが浮いてしまいがちな人は、壁を使って練習しましょう。かかとの外側で壁を押す力で前ヒザが曲がる感覚を身につけ、ポーズを維持できるようになれば、壁から離れてもスムーズにポーズがとれます。

ポーズ5　武将II

ターゲット
中臀筋、小臀筋

▶「武将I」から両腕を肩の高さに下げる。
▶手のひらを下に向け、両手の指先を遠くに引っ張られるようなイメージで床と水平に伸ばし、視線は前の手の指先。
▶前脚のももが床と平行に、ヒザが足の上にくるように、腰をしっかり落とす。
▶キープしたら、反対側も同様に。

ゆったり
5呼吸キープ

ポーズのつくり方
姿勢を真っすぐに保つのがなかなか難しい人は、壁を使って感覚をつかみましょう！

効かせテク！
後ろ足で床を押し、前脚を踏み込む

武将Ⅲ

ターゲット
大臀筋、中臀筋

効かせテク！
骨盤を床と平行に

ゆったり
5呼吸キープ

▶足を揃え、姿勢を正して真っすぐ立った姿勢で両手を頭上に持ち上げる（手のひらは内側）。
▶腕ごと上体を前に倒しながら、片脚を後ろに持ち上げ床と平行になるよう伸ばす。
▶キープしたら、反対側も同様に。

ポーズ **7** ハイランジツイスト（合掌）

ゆったり
5呼吸キープ

ターゲット
大臀筋、中臀筋

▶「ハイランジツイスト」（P.44）から、胸の前で両手のひらを押し合うように合わせる。
▶吐く息で体を前に出している脚の方向にねじり、ヒジを外ももにひっかけて押す。
▶キープしたら、反対側も同様に。

効かせテク！
ヒジとヒザとを押し合う力をテコにねじりを深める

ゆったり
5呼吸キープ

効かせテク!
かけたスネを
床と平行に

＜ポーズ 8＞

脚4の字バランス

ターゲット
大臀筋、中臀筋

▶脚を腰幅に開いて真っすぐ立つ。
▶吸う息で片ヒザを曲げ、足首をもう片方のももにのせ、かかとを突き出す。
▶「チェア」(P.49)のように腰を深く落とし、両手は肩の高さで前に出してキープ。
▶反対側も同様に。

＜chapter 2 部位別トレーニングヨガ＞

POINT!
もも前には力を入れずに、おしりで体重を受けるようにしましょう。そのためには、軸足のかかとで地面を突き刺すように重心を支えます。

効かせテク!
後頭部を後ろに引いて
上体を立てる

下腹に力を入れるのがコツ！
集中力がアップ!!

＜ポーズ 9＞ 立位のイーグル

ゆったり
5呼吸キープ

ターゲット
大臀筋、小臀筋

▶脚を腰幅に開いて真っすぐ立つ。
▶吸う息で「チェア」のように腰を深く落としながら片脚を上げ、もう片方の脚の上に組む。
▶腕を「座位のイーグル」(P.34)と同様に組んで、視線を前にしてキープ。
▶一旦戻して、腕と脚を入れ替えてもう一度。

57

もも ▶▶▶▶▶▶▶▶

ももを鍛えると……

走りや跳躍の能力が強化されるほか、踏み込みにブレがなくなり、強い軸足をつくることができる!

ゆったり
5呼吸キープ

ポーズ 1 橋

ターゲット

ハムストリング、内転筋群

▶あお向けになり、脚を腰幅に開いてヒザを曲げてヒザの下に足をおく。

▶かかとで床を押して腰を上げ、体から少し離れたところに手をおいて床を押す。

▶キープしたら、今度はそのまま両手を頭上に伸ばし、肩で床を押してキープ。

ゆったり
5呼吸キープ

効かせテク!
かかとで床を
強く押す

ポーズ 2 よつばい
バランスのツイスト

効かせテク!
足の甲を手で引っ張り、上に向かって持ち上げる

ターゲット

ハムストリング

ゆったり
5呼吸キープ

▶肩の下に手、股関節の下にヒザをついてよつばいになり、片方の手で互い違いの足の甲をもつ。

▶手で床を押し上体を反らせ、もも裏を縮める力でヒザを持ち上げる。

▶反対側も同様に。

ポーズ 3) ヨガスクワット1

ターゲット
ハムストリング、内転筋群

ゆったり
5呼吸キープ

▶ 足を肩幅よりやや広めにしてつま先を外に向けてしゃがみ、背筋を伸ばす。
▶ ヒザの内側にヒジをあててヒザを押しながら合掌。
▶ かかとは床につけて、キープ。

効かせテク!
足裏で床を押しながら、おしりを下げる

ポーズ 4) ヨガスクワット2

ターゲット
ハムストリング、大腿四頭筋、内転筋群

ゆったり
5呼吸キープ

効かせテク!
ヒジでももを押し広げる

▶ 「ヨガスクワット1」より足幅を広げ両手を胸の前で合わせて、ももが床と平行になるまで腰を引き上げる。
▶ つま先とヒザの方向を同じに保ち、ヒザの下にかかとがくる位置でキープ。

ポーズ 5 かんぬき

ターゲット

ハムストリング、大腿四頭筋

ゆったり
5呼吸キープ

▶ 脚を腰幅に開いてヒザ立ちになり、片脚を横に伸ばす。

▶ 脚を伸ばした側の手はももの上に乗せ、吸う息で反対の手を上に伸ばす。

▶ 吐く息で上体を側屈し、腕を上げている側の脇腹のストレッチを感じながらキープ。

▶ 手足を入れ替え、反対側も同様に。

効かせテク！
伸ばした足の裏で床を押し、ヒザ立ちの脚のつけ根は前に押し出しももを伸ばす

ポーズ 6 卍（まんじ）

ターゲット

ハムストリング、大腿四頭筋、内転筋群

▶ 脚を腰幅に開いてヒザ立ちになり、片脚の股関節とヒザを90°に曲げて横に出す。

▶ ヒザとつま先が同じ方向を向くように立てて、曲げた脚側の手を内側から差し込み、足首の外側をホールドする。ヒジでももを外に押し開きながら上体を倒す。

▶ 手足を入れ替え、反対側も同様に。

効かせテク！
ヒジで押し開く力をテコに胸も正面に向ける

ゆったり
5呼吸キープ

腕を上に伸ばした ハイランジ

ポーズ
7

ゆったり
5呼吸キープ

ターゲット

ハムストリング、大腿四頭筋、内転筋群

▶ 脚を前後に大きく開き、腰を落とす。

▶ 上体は背筋を伸ばして、床に対し垂直に立て、吸う息で両腕を上に伸ばす。

▶ 肩甲骨は下げて肩をリラックスさせてキープ。

効かせテク!

後ろ足の拇指球（親指の付け根）で床を押す

ポーズ
8
ヒジをついたサイドアングル

ターゲット

大腿四頭筋

▶「腕を上に伸ばしたハイランジ」から両腕を下ろす。

▶ 曲げている脚と同じ側のヒジをももに押し当て、側屈しながら上体を腰からねじる。

▶ 反対の手を背中に回して、曲げているももの付け根に添えて背筋を伸ばし、胸が天井を向くように開いてキープ。

▶ 手足を入れ替えて反対側も同様に。

ゆったり
5呼吸キープ

効かせテク!

上体の重さを曲げた脚にかける

ポーズ 9

開脚前屈

ターゲット

大腿四頭筋、内転筋群

▶脚を大きく横に開いて立つ。

▶上体を床と平行になるまで倒し、床に手をついて上体は床と平行にキープ。

▶頭頂部を床に向け、前屈を深める。

ゆったり 5呼吸キープ

効かせテク!
もも前を引き締めヒザを伸ばす!!

ポーズ 10

ローランジ

ターゲット

大腿四頭筋、ハムストリング

効かせテク!
上体の重さを前脚にかけ、後ろのヒザを伸ばす

ゆったり 5呼吸キープ

▶よつばいから片脚を後ろに引き下げ、ヒザを伸ばし拇指球で床を押す。

▶上体を持ち上げ頭からかかとまで一直線になるように視線は前方へ、胸を開いてキープ。

▶足を入れ替えて、反対側も同様に。

ポーズ 11 ヒジを組んだ前屈

かかとに重心。
もも裏に効くよ!!

ゆったり
5呼吸キープ

効かせテク!
真っすぐな背中
をキープ

ターゲット
大腿四頭筋、ハムストリング、内転筋群

▶脚を前後に大きく開いたら、両手は後ろにまわし、
腰の位置で反対のヒジをつかむ。
▶吸う息で背中を伸ばし、吐く息で上体を前に倒す。
▶キープしたら足を入れ替えて、反対側も同様に。

ポーズ 12 チェアツイスト

ターゲット
ハムストリング

▶足を揃えて立ち、両手を胸の前で合掌。
▶おしりを後ろに引きながら、ヒザを曲げて軽く
前屈。
▶ヒザの外にヒジをひっかけ、ヒジとももで押し
合う力をテコにして、吐く息で上体をねじり、合
掌した手をみぞおちまで下げる。
▶手を押し合いながら胸を開いてキープしたら、
反対側も同様に。

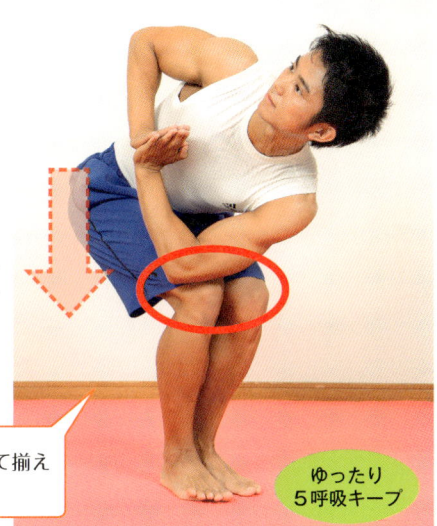

効かせテク!
ヒザを正面に向けて揃え
おしりを下げる

ゆったり
5呼吸キープ

chapter 2

部位別トレーニングヨガ

63

下腿 ►►►►►►►►

下腿を鍛えると……

地面をとらえる力が強化され、蹴り出す力がアップし、あらゆるフォームが安定するようになる。

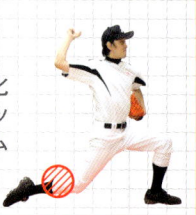

ポーズ 1 ヤシの木とチェア

ターゲット

腓骨筋、ヒラメ筋、前脛骨筋

▶足を揃えて立ち、両腕を頭上に真っすぐ伸ばして手のひらを前に向ける。

▶吸う息でつま先立ちになり、胸を広げる。

▶足元がふらつかないようにバランスを保ちながら、キープ。

▶5呼吸を終えたら両手を肩の高さまで下げる。

▶同時にヒザを曲げ、遠くに腰掛けるようにおしりを後ろに引いてキープ。

ゆったり 5呼吸キープ

ヤシの木

ゆったり 5呼吸キープ

チェア

効かせテク!

かかとの内側をぴったり押し合う

ポーズ 2 木立3種

ターゲット

腓骨筋、ヒラメ筋

ゆったり
5呼吸キープ

効かせテク！

足裏と内ももとで
強く押し合う

▶足を揃えて立つ。

▶体重を片脚に移動させながら、もう片方の足裏を軸足の内ももにあてる。

▶重心を拇指球におき、バランスがとれたら胸の前で合掌。

▶このままキープができたら、両ヒジを伸ばして合掌を頭上に持ち上げてキープ。

▶安定したら両手を開き、視線を上に、胸を持ち上げるようにしてさらにキープ。

バランスをとって
軸をとらえよう!!

ゆったり
5呼吸キープ

狙え！体幹強化 SPECIAL フロー

腕や脚を思い通りに動かし結果を残すプレーをするためには、動きの基盤となる体幹を強化し、体の軸を安定させる必要があります。ここでは、体幹部の筋肉を集中して鍛えたい！という思いに応える、特別ヨガメニューを流れ（フロー）で紹介します。

① 股関節まわし

よつばいの姿勢から、片方の股関節を外側に開き、ヒザを腰の高さまで持ち上げる。ヒザと足首を90°に曲げたまま、股関節から大きく回す。体がブレないように外回しを5回、内回しを5回終えたら、脚を入れ替えてもう一度。

効かせテク！
おなかの力で脚を引き上げる

呼吸に合わせて動かそう！
吸う息→脚を上に
吐く息→脚を下に

効かせテク！
脇腹を縮めてヒザを肩に近づける

② 片脚ヒザタッチ

よつばいの姿勢から、片方の股関節を外側に開き、ヒザを肩の外側に近づけるように持ち上げる。そのまま20秒キープしたら、脚を入れ替えてもう一度。

ダウンドッグの
バランス

「ダウンドッグ」(P.51) から、互い違いの片腕片脚をそれぞれ肩と腰の高さに持ち上げる。視線は伸ばした指先のその先をとらえ、そのまま20秒キープしたら腕と脚を入れ替えてもう一度。

効かせテク!
おなかを引き上げてバランスをとる

曲げた脚はヒザを避けてセットしよう

片脚を木立の
サイドプランク

「サイドプランク」(P.38) から上の脚のヒザを曲げて、下の脚の内ももにセット。そのまま20秒キープしたら体の上下を入れ替えてもう一度。

効かせテク!
手と足のヘリで床を強く押す

前腕を使った
ダウンドッグ

ダウンドッグからかかとを上げ、両ヒジをついたらおしりを上下。おしりが上がるとき頭は両腕の間に収まり、おしりを下げるときは頭が上に上がる。15回、上下の往復をして終了。

効かせテク!
前腕部でしっかり床を押す

動き出す前の動的ストレッチ

練習やトレーニングの前に取り入れたい、体を"動かしやすい状態"へと誘う動的ストレッチの要素を取り込んだヨガフローを紹介します。

＊①〜⑤の流れを、左右それぞれで行いましょう。

1 内転筋、股関節
バタフライ

背筋を伸ばして座り、足裏を合わせる。両足を手で包み込んだら、蝶のようにヒザを上下に。両ヒザを上下して股関節を動かす。回数の目安は、上下の往復20回。

2 臀筋群、股関節、ヒザ
長座のヒザ曲げのムーブ

片脚を前に伸ばしてかかとを押し出す。曲げたヒザに手をかけ、吸う息でヒザを持ち上げ、吐く息で上から押すようにして元に戻す。5往復くり返す。

3 腹筋群、背筋群、股関節
クレイドル

伸ばしていた脚を引き寄せる。曲げていた脚に手を差し込み、指を絡めて足首を抱えるように持ち上げたら、ヒザを前後に5往復ゆらす。上体もねじるようにするとやりやすい。

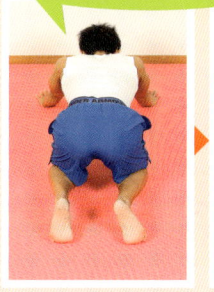

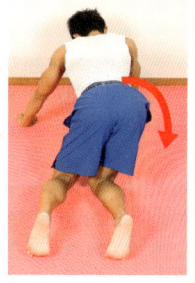

特に左右に大きく動かすと、大きな円を描きやすくなります

5 手首、肩、腰、股関節、ヒザ、足首
ヒップサークル

よつばいになり、手を少し前に大きく開いてセット。吸う息で体を前に、吐く息で体が後ろにくるように、つま先で床を押しながら、おしりで大きな円を描く。動きと呼吸を合わせながら、回数の目安は5周。

4 肩まわり、腕、ハムストリング、下腿
座位のヒザ伸ばし

抱えていた足の土踏まずに内側から指先をかけ、上体を後ろに倒しながら斜め前にヒザを伸ばす（①）。かかとを前に押し出して5呼吸キープしたら、そのまま脚を反対側へ移動（②）。斜め前に伸ばす。5呼吸キープしたら、後ろで体を支えていた手で、腕をクロスするようにして伸ばしている足裏の外側をつかみ、伸ばしている脚を中央に、背筋を伸ばす（③）。そのままゆったり5呼吸キープ。

① ②

③

効果を深める 豆知識2

ヨガを素足でする理由

　ヨガの特徴のひとつに、素足で行うということがあります。今回、特に「効かせテク」や「ゆるめテク」として、ポーズの効果を深めるために床との接地面（手や足）で強く押して踏ん張るというポイント書きが頻繁に登場しています。踏ん張った勢いでヨガマットや床で滑らないように、というのも素足で行う理由のひとつですが、床（地）をとらえる感覚を理解する、また足裏の機能を適切に発達させる、そして足裏のアーチをつくるという目的が、より大きな理由として挙げられます。

　なかなか意識しにくいですが、足裏の筋肉（足底筋）は何層にも複雑に重なり合ってできています。それらの筋肉が私たちの全体重を支え、それぞれが連動して地面を蹴り上げることで歩行が成り立っています。ただ昨今のシューズは足が疲れないように、あえて土踏まず部分を盛り上げてつくられているものが多く、それがかえって足裏アーチのクッション機能をうまく使えなくさせる、という現象を呼び起こしているのです。

　足裏の筋肉が衰えると、アーチが低下します。アーチが低下すると、連動して骨盤や肩甲骨なども下がってしまい、結果全身のバランスが崩れて疲労がたまりやすくなります。だからこそ、ヨガではふだん、靴や靴下で動きが制限され続けている足を解放して、たくさん動かしてあげることをおすすめしているのです。

　足裏がきちんと機能するようになると、ヨガのポーズがより効果的にとれるようになりますが、それと同時に地面をとらえる能力が高まるので、野球選手においては踏み込みが強くなったり、踏ん張りがきいて方向転換がスムーズになったり、瞬発力やジャンプ力がついたり……と、その効能はいいことばかりです！

▲「ヨット」では、足裏で床を押す力（反力）を得て脚を高く持ち上げます。強く踏み込める足裏づくりは、このようなバランス・足腰強化のポーズで足裏のアーチ部分を使うことにより可能となります

CHAPTER
|3|

部位別
コンディショニング
ヨガ

日々の練習やトレーニングで、思っている以上に体は疲れを溜め込んでいます。いつでも最高の競技パフォーマンスを発揮できるように、体だけでなく心も一緒にリフレッシュできるコンディショニングヨガを紹介します。

 **概論** # コンディショニング精度を高めるには

多角的アプローチを実現する4つのポイント

コンディショニングを目的としたポーズには、体の伸びを感じるものが多く登場します。ただ体を伸ばすだけでもストレッチ効果はありますが、ポイントを押さえてポーズをとると、心身に多角的にアプローチするコンディショニングヨガへと姿を変えるのです。では、早速ポイントを紹介していきましょう。

 **POINT 1** ### 筋肉を伸ばし続ける

ポーズはかたちで静止するもの、と思っている人は多いと思います。確かに"動き"はありませんが、ここでヨガを行うときは筋肉を伸ばし続けるという意識をもちましょう。例えば写真のように腰をツイストし続けていると、体はどんどんゆるんできます。ゆるみを感じたらもう少しツイストを深めてみるなど、自分の体と対話しながら少しずつ動いていきましょう。

 POINT 2 ### 呼吸を続けてリラックス

ヨガにとって呼吸は大切、とはこれまでもお伝えしてきました。吐く息で体がゆるみやすくなり、力が抜けて心もリラックスできます。まずは、呼吸を止めないことを意識して行ってみましょう。ポーズをとっているときに無理をしていると、無意識に力んでしまって呼吸を止めてしまいがち。限界まで頑張らず、呼吸を深く丁寧にできるような強度が自分にとってのベストです。ゆっくり吸ってゆっくり吐くように心がけ、ゆったりめのポーズは腹式、バランスなどの腹圧を使う集中系のポーズは胸式の呼吸で行います。

POINT 3 背骨の動きを意識する

　上体を横に倒したりねじったり前屈したり……。コンディショニングヨガでは、背骨を動かすポーズが多く登場します。背骨の間には、私たちの日々の生活や生命を安定させ元気に活動するために働く自律神経が収まっていて各臓器へと繋がっています。背骨を適度に動かすことで自律神経が活性化されて体の調子が整い、神経が安定してきます。

自律神経を整える

背骨を動かす

重力と体重を利用する

関節を調整する

筋肉を伸ばす　　呼吸を続ける

可動域を広げる　　　**ストレッチ**　　　**リラックス**

chapter 3

部位別コンディショニングヨガ

POINT 4 重力と体重を利用する

　関節可動域を適切にするということは、アスリートにとって欠かせないケアのひとつです。正常可動域というものがあり、その角度には個人差があります。ただし、関節がその範囲内で自在に動くかどうかは、関節を構成する靱帯や腱といった組織と周辺の筋肉の柔軟性によって決まります。それらを伸ばすには、まずは脱力です。重力と自分の体重を上手く利用して、じっくり伸ばしていきましょう。

トレーニングヨガの「効かせテク！」に対しここでは、各ポーズに「ゆるめテク！」を添えています。狙った箇所を適切にケアするために、参考にしてください。

ポジション別 コンディショニング重要度

部位	頸周辺		肩まわり		肩甲骨周辺						腕				胸部	
筋肉名称	胸鎖乳突筋	僧帽筋（上部）	三角筋（前・中・後部）	肩甲挙筋	肩甲下筋	棘上・棘下筋	小円筋	大円筋	菱形筋	前鋸筋	上腕二頭筋	上腕三頭筋	前腕伸筋群	前腕屈筋群	大胸筋	小胸筋
					← ローテーターカフ →											
ピッチャー	◎	◉	◉	◉	◎	◉	◉	◉	◎	◎	◉	◉	◉	◉	◉	◎
キャッチャー	◎	◉	◉	◉	◎	◉	◉	◎	◎	◎	◉	◉	◎	◎	◉	◎
内野手	◎	◎	◉	○	◎	◉	◎	◎	◎	◎	◉	◉	◉	◉	◉	◎
外野手	◎	◉	◉	◎	◎	◎	◎	◎	◎	◎	◉	◎	◉	◎	◉	◎

左端の縦見出し：ポジション別コンディショニング重要度

＊筋肉名の青色は表層筋（アウターマッスル）、赤色は深層筋（インナーマッスル）を示しています
＊重要度の優先順位１位＝◉、２位＝◎、３位＝○

次ページからは、たくさんのコンディショニングを目的としたヨガポーズを紹介していくのですが、それぞれのポーズに、体のどこの部位（筋肉）に効くのかを記載しています。ここでは皆さんが自分に必要なコンディショニング箇所を把握しやすいように、野球のポジションごとの動きを踏まえ、どこの部位を優先的に鍛える必要があるのかを「コンディショニング重要度」としてお伝えしておきます。もちろん全身くまなく整えることが重要ですが、優先順位の参考にしてください。

腹部				背中～腰まわり				臀部				もも前・裏・内			下腿		足
腹直筋	腹横筋	外腹斜筋	内腹斜筋	広背筋	僧帽筋（中・下部）	脊柱起立筋	多裂筋	大臀筋	中臀筋	小臀筋	梨状筋	大腿四頭筋	ハムストリング	内転筋群	腓骨筋	ヒラメ筋	足底筋群
◎	◎	◎	◎	●	●	●	●	●	●	●	●	●	●	●	●	●	●
◎	◎	◎	◎	●	●	●	●	●	●	●	●	●	●	●	●	●	●
◎	◎	◎	◎	●	●	●	●	●	●	●	●	●	●	●	●	●	●
◎	◎	◎	◎	●	●	●	●	●	●	●	●	●	●	●	●	●	●

頸・肩 周辺

くび

頸から肩の疲労感がとれ姿勢が整いやすくなる。肩関節の柔軟性が増し、可動域が広がって動きがよくなり、腕の振りが大きく、投球、スイングともにダイナミックに！

ゆるめテク！
肩甲骨を寄せてヒジを開く

ゆったり
5呼吸キープ

ポーズ 1 頸ケア ストレッチ1

ターゲット

胸鎖乳突筋

▶両手の指先を絡め、手のひらを後頭部にあてる。
▶背筋を使ってヒジを開き、視線は斜め上。

背中を丸めず行うと効くよ!!

ポーズ 2 頸ケア ストレッチ2

ターゲット

胸鎖乳突筋、肩甲挙筋

▶片方の手のひらを反対側の側頭部にあてて、肩と耳を近づけるように倒す（手で押し込まない）。
▶もう片方の手は腰に回し、肩が倒した頭につられて上がらないようにする。

ゆるめテク！
吐く息で肩を下げる

ゆったり
5呼吸キープ

ゆるめテク!
頭と手のひらを押し合う

ポーズ 3

後ろ手組み ストレッチ

ゆったり
5呼吸キープ

ターゲット
三角筋、僧帽筋（上部）

▶両手の指先を絡め、手のひらを後頭部にあてる。
▶ヒジを開き、肩甲骨を中央に強く寄せる。
▶頭や肩まわりの力を抜いて、リラックス。

ポーズ 4 # 時計針

▶横寝になる。上になった脚の股関節とヒザを90°に曲げる。
▶両腕を伸ばして重ねたところからスタートして、上の腕を肩甲骨から大きくゆっくり回す。
▶反対回しを終えたら、体の上下を入れ替えてもう一度。

ターゲット
三角筋、僧帽筋（上部）

ゆっくり
5回転ずつ

ゆるめテク!
肩関節の調子を観察できる
スピードで回す

腕 ▶▶▶▶▶▶▶▶▶▶▶▶▶▶▶▶

腕を整えると……

体幹と連動した、前腕や肩関節の柔軟な回転運動を助けるため、投球やバッティング時のしなりが生み出される！

ポーズ 1

牛面ストレッチ 3種

ターゲット
三角筋（後・中部）、上腕三頭筋（上部）

▶片腕を胸の前に水平に保ち、手のひらを体に向ける。

▶手首のあたりでもう片方の腕をクロスし引き寄せる。

ゆるめテク!
①上腕を引き上げてからヒジを押し下げ
②後頭部でもヒジを押す

ゆるめテク!
①伸ばす前腕を一旦後方に引いてから、②肩を下げる

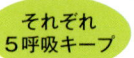
それぞれ
5呼吸キープ

ゆるめテク!
①ヒジを後方に押した後、②肩を下げる

▶伸ばした腕を真っすぐ上げ、ヒジから曲げて手のひらは背中の真ん中に置く

▶反対の手でヒジを押し下げる

▶上げていた腕を前からまわして肩にかけ、反対の手で曲げたヒジを下から押し上げるように後方に押す。

▶腕を入れ替え、もう一度。

ポーズ 2 三日月&ツイスト

ターゲット

三角筋（後部）、僧帽筋、上腕三頭筋

- 足を揃えて真っすぐ立ち、合掌（親指同士を重ねておく）。
- 息を吸いながら合掌を持ち上げ、肩を下げたら息を吐きながら側屈。
- 視線は二の腕の内側から天井を見て、ゆったり5呼吸キープ。
- 中央に戻したら、今度はツイストしてキープ。
- 反対側も同様に。

POINT!

「三日月」で右に体を倒したいときは、左体側を伸ばすだけでなく、右側の肋骨を天井に向けて回転させます。「ツイスト」で右にねじりたいときは左側の肋骨を右に回転させます。反対側の部位の動きを利用するヨガのテクニックを使えば、体をねじるポーズがもっとスムーズにとれるようになりますよ。

ゆるめテク! 両腕を伸ばす

それぞれ5呼吸キープ

前に押し出す

左肋骨を右へ押し回す感じで

ポーズ 3 菩提樹（ぼだいじゅ）

ターゲット

三角筋（後部）、僧帽筋、広背筋、上腕三頭筋、腹斜筋

- 脚は腰幅で真っすぐ立つ。
- 手のひらを後頭部においたら肩甲骨を引き寄せて、ヒジを開く。
- 腰を中心に体をツイストし、前方にきたヒジを上げて後ろに側屈する。
- 視線は天井。キープしたら戻して、反対側も同様に。

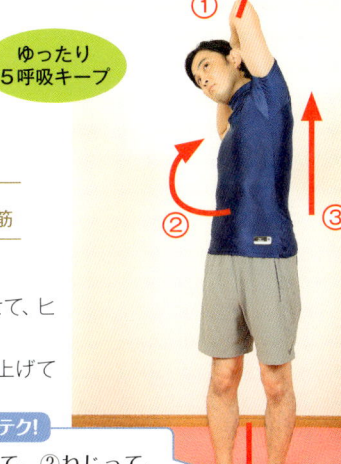

ゆったり5呼吸キープ

ゆるめテク! ①開いて、②ねじって、③側屈の3ステップで伸びる!! 足で踏ん張る

chapter 3 部位別コンディショニングヨガ

79

手首 ▶▶▶▶▶▶

手首を整えると……

手首の力みを解消し、体全体で送球できるようになり、素早い送球動作につながる。ヒジの腱鞘炎なども予防できる。

ポーズ 1 ## 前腕のストレッチ

ターゲット
前腕伸筋群、前腕屈筋群

手の甲を床に

▶脚を腰幅に開き、背筋を伸ばして真っすぐ立つ。
▶ヒザを軽くゆるめ、股関節から前屈し、指先を自分に向けるようにしてセット。
▶手の甲を床につけて、足の下に差し込み、足裏全体で両手のひらを踏み込む。

手のひらを床に

▶足の下から両手を抜く。
▶手のひらを床につけて指先を真っすぐ自分に向け、手の甲を足で踏む。
▶つま先が手首に触れるくらい手の甲全体を踏み込む。

ゆったり
5呼吸キープ

頭と首はリラックスして脱力しよう

ゆったり
5呼吸キープ

ゆるめテク!
指先を大きく開いて差し込む

ゆるめテク!
ヒジとヒザをゆるめてしっかり踏み込む

手首のストレッチ

手のひらを床に

▶安楽座（あんらくざ）になり、手の指を開いて前方につく。

▶両手首をできる限り外側に回して手首を前、指先を体へと向け手のひら全体を床に。

▶体重を左右に移動しながら、手首を床に押し付ける力でさまざまな角度から前腕の内側を伸ばす。

手の甲を床に

▶手を返し、手の甲を床につけて同様に。

▶肩が硬いと連動して親指が床から浮くので、指先は全部の指先の爪がつくように大きく開いて床を押すようにする。

ゆったり
5呼吸キープ

ゆったり
5呼吸キープ

ゆるめテク!
息を吐きながら手首を床に押し続ける

ゆるめテク!
ヒジを外側に抜くように開く

POINT!
手首と頸は連動しています。手首がゆるむと頸も楽に、肩まわりの動きもよくなります！

寝違えて頸を動かせないときに行うとラクになるよ!!

胸部

胸部を整えると……

腕の振りが大きくなり制球力が高まるほか、球速アップにつながる。野球の練習を行って生じた筋の付き方の偏り（利き腕に頼りやすい）を改善できる！

ポーズ 1 　手を前後に開いた前屈

ターゲット
大胸筋、腹斜筋

ゆるめテク！
ももの上に胸を乗せる

ゆったり 5呼吸キープ

- ▶正座して、上体を少し横にひねる。
- ▶手を大きく前後に開き、体の横について前屈。
- ▶伸ばした手を引っ張り合いながらキープ。
- ▶反対側も同様に。

ポーズ 2 　猫の伸び

ターゲット
大胸筋、小胸筋、上腕三頭筋、腹筋群

ゆったり 5呼吸キープ

片腕

- ▶よつばいになり、伸ばしたいほうの手を前におく。
- ▶伸ばした上腕に頭を預けるように体重を乗せ、脇の外側を床に押し付けるようにして伸ばす。
- ▶反対側も同様に。

ゆるめテク！
曲げている腕の手のひらで床を押す

両腕

- ▶よつばいになり、ヒザの直角をキープしたまま両手を前に滑らせる。
- ▶アゴ（もしくは額）を床につけたら、胸を床に近づけるように下げ、おなかをリラックスさせてキープ。
- ▶腕を伸ばして肩甲骨付近が痛い場合、ヒジを横に開いて額をつける。

ゆるめテク！
吐く息のたびに体を沈める

ゆったり 5呼吸キープ

ポーズ 3 バッタ

ターゲット
大胸筋、小胸筋

- ▶うつ伏せになり、脚を腰幅に開いて足の甲を床につけておく。
- ▶両手の指を腰の後ろで組み、両手に引っ張られるように上体を起こして反らす。
- ▶同時に脚をももから引き上げ、ヒザを伸ばしてキープ。
- ▶おしりや腰の力は使わないように。

ゆったり
5呼吸キープ

ゆるめテク!
肩甲骨を寄せる

ポーズ 4 うつ伏せの チェストツイスト

ターゲット
大胸筋、小胸筋、腹斜筋

- ▶うつ伏せになり、両手を横に広げる。
- ▶吸う息で片足を上げ、もう片方の脚を越えたところにヒザから曲げて足裏を床へおく。
- ▶足を上げた側の手はヒジを曲げて手のひらで床を押す。
- ▶キープしたら吐く息で元に戻し、反対側も同様に。

ゆるめテク!
曲げた脚は後方へヒザを倒して内モモを天井に向ける

ゆったり
5呼吸キープ

ゆるめテク!
手で床を押して胸をひっくり返す

ポーズ 5 猫のしっぽ

ターゲット
大胸筋、小胸筋、大腿四頭筋

▶横寝になり、ヒジをついて頭を支える。

▶上の脚の股関節とヒザを90°に曲げて床へ。

▶下の脚のヒザを曲げたら、上の手で甲を包むようにしてつかみ、かかとをおしりに近づけるように押しながらキープ。

ゆったり
5呼吸キープ

ゆるめテク!
腰からツイストして
胸を開く

ストレッチ効果をさらに深めるには…

▶頭を支えていた手を外し、床に寝そべる。

ゆったり
5呼吸キープ

ゆるめテク!
頭は二の腕を枕にして
リラックス

ポーズ 6 魚 1

ターゲット
大胸筋、胸鎖乳突筋

▶あお向けになり、足を揃えて甲を伸ばす。
▶両手の親指を中に入れて握りこぶしをつくり、ヒジを曲げて床に固定。
▶吸う息に合わせて、ヒジで床を押す力で上体を反らし、胸を持ち上げて開く。
▶肩甲骨の間を寄せて、より胸を開いてヒジは直角に。
▶アゴを突き出して頭頂部をマットにつけたら、胸部を広げるように大きく胸式呼吸をしてキープ。

ゆるめテク!
口をポカーンと開いて
のどから頸はリラックス

**ゆったり
5呼吸キープ**

ポーズ 7 魚 2

ターゲット
大胸筋、胸鎖乳突筋

▶あお向けになり、足を揃えて甲を伸ばす。
▶骨盤を床から少し離して、両手のひらを下向きにして重ね、おしりの下に入れる(右写真)。
▶前腕とヒジは体側近くに引き寄せておく。
▶吸う息で上体を反らし、胸を持ち上げて開く。
▶アゴを突き出して頭頂部をマットにつけたら、胸を大きく広げて呼吸を入れてキープ。

**ゆったり
5呼吸キープ**

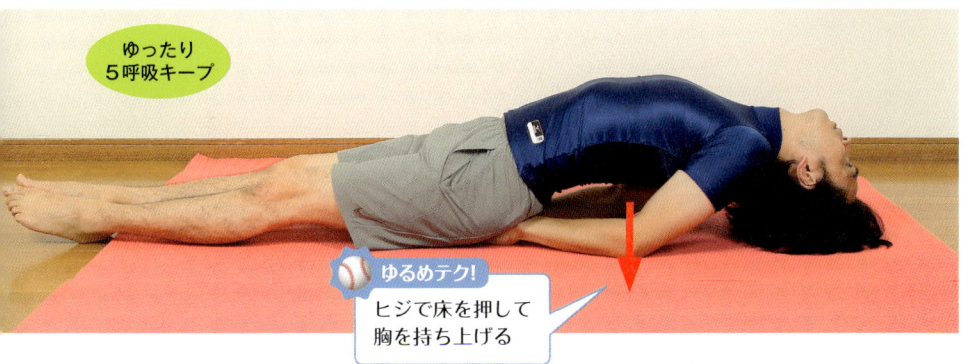

ゆるめテク!
ヒジで床を押して
胸を持ち上げる

あお向けのツイスト

ターゲット
大胸筋、腹斜筋、臀筋群

▶あお向けになり、片ヒザを曲げて胸に近づける。
▶その脚を曲げたまま、伸ばしている脚を越えてヒザの内側を床に置くようにして腰をねじる。
▶両腕は肩のラインで真っすぐ伸ばし、曲げた脚はヒザを90度にしてキープ。
▶反対側も同様に。

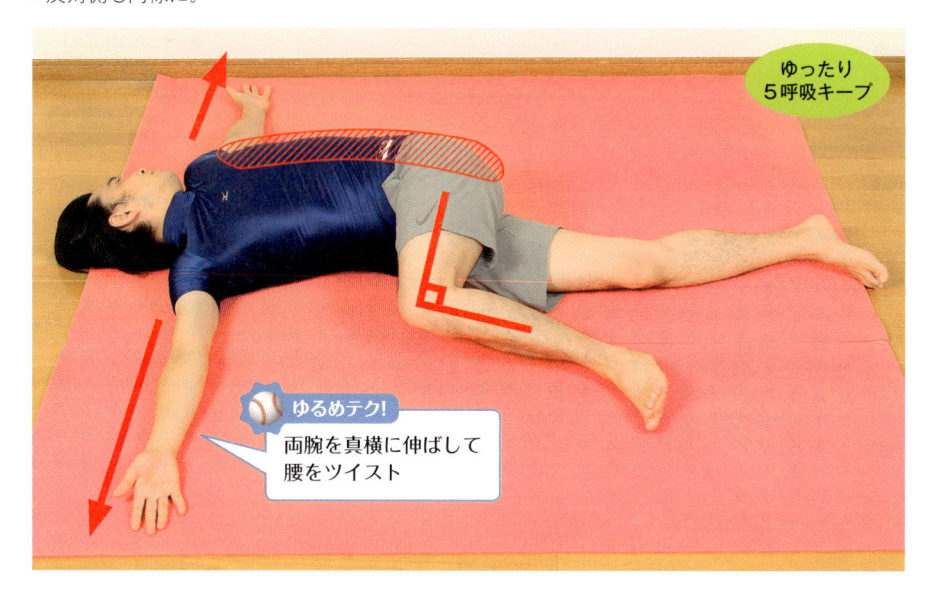

ゆったり
5呼吸キープ

ゆるめテク!
両腕を真横に伸ばして
腰をツイスト

ヨガトレmemo

働き者の「胸」を癒やそう

　大胸筋は、三角筋とともに鎖骨と上腕骨とをつないでいる筋肉です。大胸筋と三角筋の一部は拮抗関係にあり、大胸筋が疲労などにより収縮すると三角筋は引き伸ばされて痛みを起こします。このように、胸の筋肉が凝り固まることによって肩の後ろや肘関節にまで影響が出るため、胸部のストレッチはとても重要と言えるのです。また、大胸筋の一部は、腹筋の上部に付着していることから、腹筋の鍛えすぎも胸の筋肉に影響をもたらします。つまりは、肩がうまく使えなくなる理由は、実は胸や腹部などの体幹が酷使されているからかもしれません。

部位別コンディショニングヨガ 05

腹部 ▶▶▶▶▶▶

腹部を整えると……

収縮しがちな体幹のコア（腹筋群）をゆるめることで「ブラッシング」など軸を中心に回転する骨盤の動きにキレが生まれ、ダイナミックに力を発揮できるようになる！

ポーズ 1 スフィンクス

ターゲット
腹直筋

ゆったり
5呼吸キープ

▶ うつ伏せになり、つま先を後ろに引っ張るイメージで足の甲を床につけて伸ばす。

▶ ヒジを肩の下におき、前腕を平行にしたら吸う息で上体を持ち上げる。

▶ ヘソから上を少し床から離す。

▶ 肩甲骨を下げ、首を長くしてキープする。

ゆるめテク!
前腕で床を押す

ポーズ 2 アザラシ

ターゲット
腹直筋

おしりや腰はリラックス〜♪

ゆったり
5呼吸キープ

▶ うつ伏せになり、足を肩幅に開き、足の甲を床につけて伸ばす。

▶ 腕を広げて手を前方につき、吸う息で上体を持ち上げる。

▶ 肩を下げ、胸を引き上げて視線を斜め上に。

▶ おなかが気持ちよく伸びる位置でキープ。

ゆるめテク!
指先を外側へ斜めに向けてしっかり床を押す

イグアナ

ターゲット

外腹斜筋、内腹斜筋

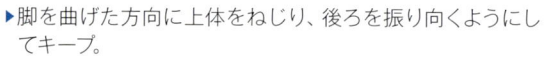

▶うつ伏せになり、肩の下にヒジをついて上体を軽く起こす。

▶片方の股関節とヒザをサイドで90°に曲げて、床におく。

▶脚を曲げた方向に上体をねじり、後ろを振り向くようにしてキープ。

ゆるめテク!
肩越しに後ろをしっかり見る

ゆったり5呼吸キープ

リラックスをさらに深めよう

▶上体と側頭部を床に預ける。

▶ヒザを曲げている側のヒジも90°に曲げてリラックス。

ゆるめテク!
床につけたこめかみも、全身の力も抜く

ゆったり5呼吸キープ

2つのポーズを連続して行ったら、反対側も同様に行います。

ポーズ 4　うつ伏せのツイスト 1

ターゲット
腹斜筋、腹直筋

ゆったり
5呼吸キープ

ゆるめテク!
しっかり両脚を伸ばす

▶うつ伏せになり、両腕は肩の高さで水平に伸ばして手のひらを床に。
▶脚は伸ばしたまま、片方の脚を付け根から持ち上げる。
▶もう片方の脚を越えた先の床につま先をタッチし、アゴと両肩の前を床につけてキープ。
▶反対側も同様に。

難易度down
難しければ、こうしてみよう!

▶ポーズがなかなか決まらない場合は、脚を持ち上げているほうの肩を少し浮かせましょう。下で
　真っすぐ伸ばしている脚と同じほうの頬を床につけても、難易度が下がります。

うつ伏せのツイスト2

ポーズ **5**

ターゲット
腹斜筋、腹横筋

ゆったり
5呼吸キープ

ゆるめテク!
大きな腹式呼吸で
強く腹圧を意識!

▶うつ伏せになり、片方の腕は体側に伸ばし、もう片方はヒジを曲げ、胸の横に手をつく。
▶ヒジを曲げたのと同じほうのヒザを曲げ、もう片方のももを越えたところに足をついてキープ。

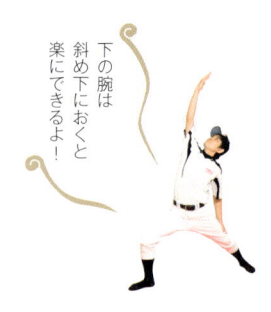

下の腕は斜め下におくと楽にできるよ！

アップドッグ

ポーズ **6**

ターゲット
腹直筋

ゆったり
5呼吸キープ

ゆるめテク!
肩の下に手をおき、強く床を押す

▶うつ伏せになり、脚を肩幅に開いて足の甲を床につけ、後ろに伸ばす。
▶肩の下に手をつき、吸う息で上体を持ち上げ、ももの付け根が浮くところまで床から数センチ離す。
▶肩甲骨を下げて、肩をすくめないように。
▶ももと両腕を引き締め、胸を上に向かって開きながらキープ。

ポーズ 7 あお向けの体側ストレッチ

ターゲット
腹斜筋、腹横筋

▶あお向けになり、脚は肩幅に開いて楽に伸ばす。
▶両腕を頭の上に伸ばし、片方の手でもう片方の手首をつかみ、引っ張って体側をストレッチ。
▶反対側も同様に。

ゆるめテク!
腰から上を弓なりにする

ゆったり
5呼吸キープ

ポーズ 8 半円

ターゲット
腹斜筋、腹横筋

ゆるめテク!
接地面で床を押し、骨盤を上に引き上げる

ゆったり
5呼吸キープ

▶よつばいから、片ヒザを伸ばしてつま先を後方の床に。
▶骨盤と胸を側面に向けたら、伸ばした足裏を床につけてつま先を少し外に開く
▶吸う息で伸ばした脚と同じほうの腕を上げる。
▶吐く息で恥骨を前（側面）に押し出すようにして上体を後屈し、再び吸う息で指先を伸ばした手を、前から頭上へ弧を描きながら伸ばしたところでキープ。
▶反対側も同様に。

肩甲骨

肩甲骨を整えると……

上腕骨と肩甲骨の動きがスムーズになり、肩の挙上運動が保たれてダイナミックな投球フォームが実現するなど、投動作が安定する！

ポーズ1 サボテン

ターゲット
三角筋、大胸筋、菱形筋、ローテーターカフ

ゆるめテク！
腕だけでなく、肩甲骨から動かす

10往復

▶安楽座になり、腕を床と平行にして左右に広げる。
▶両ヒジを90°に曲げて、手のひらを正面に。
▶肩をリラックスさせた状態でヒジを起点に前腕を回し下ろして脱力、指先を下に向ける。
▶前腕の上下運動をくり返す。

ポーズ2 座位のイーグル

ゆったり5呼吸キープ

ゆるめテク！
手のひらを押し合ったらゆるめるなど、緩急をつける

ターゲット
僧帽筋（上部）、三角筋、ローテーターカフ

▶腕を肩の高さまで上げ、ヒジより上腕寄りで交差する。
▶両ヒジを曲げ、手のひらを押し合って肩甲骨を開く。
▶重ねた手とヒジとが一直線になるよう、またヒジが下がらないように意識してキープ。
▶腕の上下を入れ替え、同様に。

ポーズ3 ロールダウン

ターゲット
肩甲挙筋、僧帽筋（上部）、前鋸筋、ローテーターカフ

ゆるめテク!
腕の重みでヒジを閉じる

10往復

▶ 安楽座で背筋を伸ばし、骨盤を真っすぐ立てる。
▶ 両手を組んで後頭部においたら、肩甲骨の中央を寄せる力でヒジを開く。
▶ 両ヒジを顔の前に寄せながら、吐く息で背中を丸める。
▶ 吸う息で元に戻し、この動きをくり返す。

ポーズ4 ショルダータッチ

ターゲット
僧帽筋（上部）、三角筋、
ローテーターカフ

▶ よつばいになり、片手を肩より少し前につく。
▶ 前についたほうの脇の下から、もう片方の手を手のひらを上にして通す。
▶ ゆっくりと肩と側頭部を床に下ろしたら、吐く息で脱力して肩に体重を乗せてキープ。
▶ 反対側も同様に。

ゆるめテク!
手で床を押し、肩甲骨を寄せて深くツイストする

ゆったり
5呼吸キープ

背中 ▶▶▶▶▶▶▶

背中を整えると……

脊柱や胸郭の可動性を高め、投動作やバッティング時の体幹の回旋をしなやかな動きにする!

ポーズ 1

座位のサイドストレッチ

ターゲット
広背筋

ゆるめテク!
上腕の動きと重みを使ってじっくり伸ばす

▶ 安楽座の状態で、片腕を横に出して指先は外側に向け、手のひらを下にして床につける。

▶ 手を床につけた側に体を倒しながら、反対の腕を頭上に伸ばして体側をストレッチ。

▶ 深く長い呼吸をくり返したら、反対側も同様に。

ゆったり 5呼吸キープ

ポーズ 2

座位の三日月

ゆるめテク!
側屈するときは背骨を柔軟にするようイメージ

ターゲット
僧帽筋（中・下部）、広背筋、脊柱起立筋

▶ 安楽座の状態で、頭上で合掌。

▶ 広背筋を中央に引き寄せる力で胸を開きながら上体を左右に倒し、それぞれで「三日月」(P.79)のポーズをとる。

ゆったり 5呼吸キープ

ポーズ3 # キャット&カウ

ターゲット
脊柱起立筋、多裂筋

キャット

ゆるめテク!
手で床を強く
押しながら
腹圧をかける

カウ

ゆるめテク!
肩甲骨はトロし
て口元はゆるめ
頸も伸ばす

ゆっくり5回

▶ よつばいになり、手首が肩の真下に、ヒザが股関節の真下に、それぞれくるようにする。

▶ 背中を真っすぐに楽な状態にして、曲げないようにする。

▶ 呼吸をゆったり深く5回くり返したのち、吐く息で背中を丸めてへそを覗き込み、次の吸う息で腹を床に落として背中を反り天井を見上げる、という動きをくり返す。

猫や牛になりきって
やってみよう!!

ポーズ 4　胎児

ターゲット
僧帽筋（下部）、広背筋

ゆったり 5呼吸キープ

▶あお向けになり、両もも を胸に引き寄せる。

▶すねを両腕で抱え、ゆっ くり左右に揺れると床と の接地面がほぐれる。

▶ヒザの角度を変えるとほ ぐれる箇所が変わるの で、好みの角度を見つけ てキープ。

ゆるめテク!
背中と連動して腰、おし り、もも裏がゆるむのを 感じてリラックス

ポーズ 5　ワニ

ターゲット
広背筋、脊柱起立筋、多裂筋

ゆるめテク!
倒した脚の重さで 背骨をツイスト

ゆったり 5呼吸キープ

▶ヒザを抱えていた腕を外して肩の高さで左右に伸ばし、片脚を真っすぐに伸ばす。

▶もう片方の脚はヒザを曲げたまま、伸ばした脚にかぶせるようにして腰からねじる。顔はヒザと は反対を向く。

▶反対側も同様に。

ポーズ 6 背中立ち

ターゲット
脊柱起立筋、多裂筋

▶足を揃えてあお向けになり、吐く息に合わせて両腕で床を押し、両脚を床から離してももを胸へ引き寄せる。手でサポートしながら骨盤を丸め、両ヒザを顔に近づけたら、ヒザを伸ばす。

▶床に対して脚がほぼ平行になるように。

ゆったり
5呼吸キープ

ゆるめテク!
手で腰を支え
上体を立てる

抗重力筋の主役、
背中を重力から解放して
ゆるめる〜

ゆったり
5呼吸キープ

ポーズ 7 肩立ち

ターゲット
脊柱起立筋

ゆるめテク!
アゴを引く

▶足を揃えてあお向けになり、吐く息に合わせて両腕で床を押し、両脚を床から離してももを胸へ引き寄せる。骨盤を丸め、両ヒザを顔に近づけ、上腕の後ろで床を押しながらヒジは90°に保ちつつ、両手のひらを背中にセットし上体を支える。

▶骨盤を肩の真上に上げ、胴体と脚を床に対してほぼ直角にしてキープ。

ポーズ 8 鋤 (すき)

脊柱起立筋、僧帽筋（下部）

ゆったり 5呼吸キープ

ゆるめテク！
ヒザを曲げて
つま先をつける

▶あお向けから両腕を体の横で床に向けて押しながら両脚を持ち上げ、背中を丸めてヒザを
　ゆるめる。
▶両ヒザで頭を挟むようなポジションで、つま先は床につけて、背中全体の力を抜く。

ポーズ 9 ブロークン ドール

ターゲット
広背筋

▶脚を腰幅に広げて立ち、背筋を伸ばす。
▶両ヒザを軽く曲げて、ももの上に上体
　を倒す。
▶片手で逆側のヒジをつかんで、頭と首
　は自然に垂らして脱力。
▶ゆったりと呼吸をくり返しながら、体
　をそっと左右に振っても。

ゆったり 5呼吸キープ

ゆるめテク！
上体の重さを腰から
ぶら下げる

腰まわり

腰まわりを整えると……
素早く腰を回転させることができるようになり、インパクトの強いバッティングが実現できるようになる!

ポーズ 1 合せき前屈

ターゲット
僧帽筋（下部）、広背筋

ゆったり
5呼吸キープ

▶足裏を合わせて座り、両手でつま先を包み込む。
▶ヒジを外に張り出すように曲げ、上体を前に倒す。

ゆるめテク!
首から上の力を抜く

ポーズ 2 キャット＆カウのアレンジ

ターゲット
広背筋

▶よつばいになり、片ヒザを伸ばす。
▶ヒザを曲げている脚を越えるように、斜め後ろに伸ばしてつま先をタッチ。
▶姿勢を保ったまま「キャット＆カウ」（P.95）の呼吸と動きを行う。
▶反対側も同様に。

ゆるめテク!
伸ばした脚をさらに引っ張る

ゆっくり5回

ポーズ 3　片ヒザを抱えたあお向け

ゆったり
5呼吸キープ

ゆるめテク！
ヒザを肩に
近づける

ターゲット

広背筋、臀筋群

▶あお向けになり、片ヒザを胸の位置で抱える。
▶吐く息の度に抱えたヒザを肩に近づけ、吸う息でゆるめる。
▶反対側も同様に。

ポーズ 4　タツノオトシゴ

ターゲット

脊柱起立筋、多裂筋

ゆったり
5呼吸キープ

ゆるめテク！
大きな腹式呼吸で
腹を内側から広げる

▶「片ヒザを抱えたあお向け」から、脚を組むように絡ませ、組んだ脚が上になるように床へ下ろし、両腕は開いて楽にして、頭上とヒザ、それぞれに置く。
▶視線はねじった方向と反対を向いて、キープ。
▶反対側も同様に。

臀部 ▶▶▶▶▶▶

臀部を整えると……

臀部は下半身において重心をコントロールする要。調子がよくなると、走る・跳ぶ・バランスをとる・姿勢の保持・股関節の回旋などすべてがスムーズになる!

ポーズ 1 脚4の字

ターゲット

中臀筋、小臀筋、梨状筋

▶ 軽く両ヒザを曲げて座る。
▶ 片脚を横に倒して、外くるぶしの少し上をもう片方のヒザに引っ掛ける。
▶ 両手のひらを上に向け、引っ掛けた脚のヒザ下とかかと下に差し込み、スネが床と平行になるよう調整してキープ。
▶ 脚を入れ替えて同様に。

ゆるめテク!
胸とおしりと、ヒザにかけたかかとを突き出す

ゆったり 5呼吸キープ

ポーズ 2 上体を起こしたツイスト

ゆるめテク!
ヒザの位置を高めにする

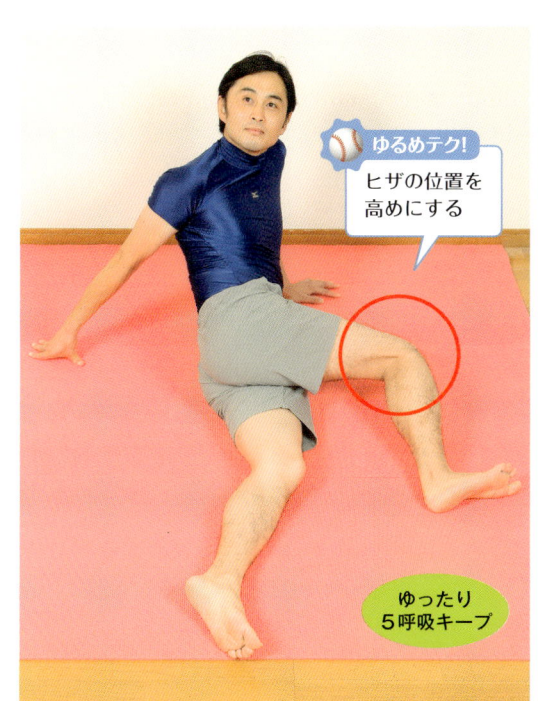

ターゲット

大臀筋、中臀筋

▶ 長座になり、上体を後ろに倒して両手を後ろにつく。
▶ 片ヒザを胸に引き寄せたら、腰からねじって伸ばしている脚を越えたところでヒザの内側を床に近づける。
▶ おしりの伸びを十分に感じながら、視線は斜め上をとらえてキープ。
▶ 脚を入れ替えて同様に。

ゆったり 5呼吸キープ

ポーズ 3 ハッピーベイビー

ターゲット
大臀筋、梨状筋

- ▶あお向けに寝て、両ヒザを90°に曲げる。
- ▶ヒザの内側が脇下に近づくように、胴体よりも広く開いて引き寄せる。
- ▶足裏を天井に向けたら、手を内側から入れて足裏をつかむ。

床から浮くおしりを
下ろすとよく伸びる!!

ゆるめテク!
スネを床と垂直にして
手と足裏を押し合う

ゆったり
5呼吸キープ

ポーズ 4 飛天

ターゲット
中臀筋、小臀筋

ゆるめテク!
倒したヒザの上に
逆のかかとを乗せる

ゆったり
5呼吸キープ

- ▶あお向けになり、両ヒザを軽く曲げる。
- ▶両ヒザを同じ方向に倒したら、腕は肩の高さでヒジを90°に曲げ、顔はヒザとは反対を向く。
- ▶キープしたら、反対側も同様に。

ポーズ **5** ピジョン

ターゲット
中臀筋、小臀筋、梨状筋

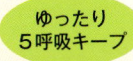
ゆったり
5呼吸キープ

ゆるめテク!
伸ばした脚のそけい部を床
に下ろすように押し下げる

▶ よつばいから片脚をヒザ下45°手前に曲げて、スネの外を床におき、反対の脚は後方に真っすぐ伸ばす。

▶ 前脚と同じ側の腕を、前に伸ばしている腕の脇下に水平に差し込み、額を床につける。

ヨガトレmemo

「おしりが大きい投手が大成する」の意味

　突然ですが、ここでクイズです。上にあるポーズ「ピジョン」でもよくストレッチされる関節・股関節の位置はどこでしょうか？　自分の体で、指をさしてください。……できましたか？　ももの付け根を指さしているアナタ、残念！不正解です。そこは、そけい部。股関節はもっと奥にあります。

　股関節は、英語で「ヒップ・ジョイント」といいます。その言葉から読み取れるように、実は左右のおしりにある"えくぼ"の中に埋まっているのです。野球でよくいわれる軸足の「のせ」が、股関節をはめる感覚であるというのは、つまりおしりの"えくぼ"部分で体重を受け止めるような感覚ということなのです。昔から「おしりが大きく鍛え上げられた投手は大成する」と言われるのも、こうして体のことを勉強してみるとうなずけますよね！

もも（前、裏、内）

ももを整えると……

前と裏がゆるむと股関節との連動性が高まり、内ももをゆるめると骨盤を水平に保てるため姿勢を制御し、重心を軸足の上にためやすくなる。

ポーズ 1 片腕・片脚のもも前ストレッチ

ゆるめテク！
足の甲を斜め上に蹴り上げる

ターゲット
大腿四頭筋

▶ よつばいになり片脚を浮かせてヒザを曲げる。
▶ 浮かせた脚とは逆の手で、足の甲をつかむ。
▶ 手で床を押し、胸を反らせてバランスをとりながらキープ。
▶ 手脚を入れ替えて、同様に。

ゆったり
5呼吸キープ

ポーズ 2 うつ伏せ・もも前ストレッチ

ターゲット
大腿四頭筋

▶ うつ伏せから、前腕で床を押して上体を持ち上げる。
▶ 片ヒザを曲げ、同じほうの手で足の甲を取り、おしりにかかとを押し当てもも前を伸ばす。
▶ キープしたら、手脚を入れ替えて同様に。

ゆるめテク！
ヒジを張り、手で押し下げる

ゆったり
5呼吸キープ

104

ポーズ3 もも前ストレッチフロー

ターゲット
大腿四頭筋

ゆったり
5呼吸キープ

1
片ヒザを曲げてかかとをおしりの外に出した割り座になり、もう片方の脚は伸ばして上体を後ろに倒し、両ヒジをつく。

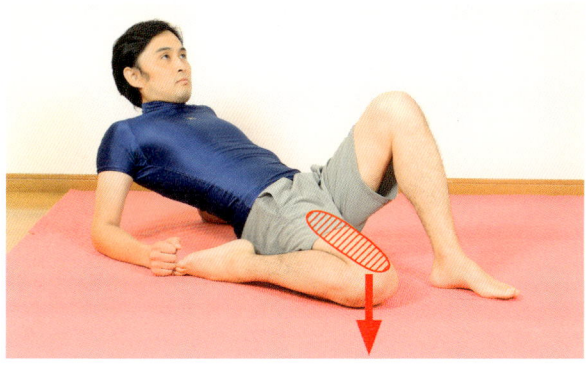

2
伸ばしている脚のヒザを曲げる。

吐く息で
力を抜いて！

3
2で曲げた脚を床から浮かせ外側を反対の手で取り、上体は床のほうへ向け、視線を下げてねじる。

4
かかとを天井に向かって押し上げるようにしてゆっくりヒザを伸ばす

ゆるめテク！
割り座のもも前はヒザを床に押し続ける

ポーズ 4　長座・もも裏ストレッチ

ゆったり
5呼吸キープ

ゆるめテク!
股関節を後ろに
引きながら前屈

ターゲット
ハムストリング

▶長座をして、吐く息で前屈。
▶かかとを前に突き出すように、つま先は天井に向ける。
▶足をつかんだまま、吐く息の度に前屈を深め続ける。

ポーズ 5　座位・もも裏ストレッチ

ターゲット
ハムストリング

▶両手で片足つま先を包む
ようにして持つ。
▶もう片方の脚はヒザを曲
げて、外に倒す。
▶つま先を包み持ったまま、
吸う息でその脚をできる
だけ高く持ち上げてキー
プ。
▶脚を入れ替えて同様に。

ゆるめテク!
上げた足のかかとが直角になる
ように、つま先を手前に倒す

ゆったり
5呼吸キープ

ポーズ 6

立位・もも裏ストレッチ

ターゲット

ハムストリング

▶ 足を揃えて真っすぐ立つ。
▶ 吐く息で前屈して手（指先）を床につけ、ヒザ裏を伸ばしてキープ。

ゆったり
5呼吸キープ

ゆるめテク!
重心はつま先に、かかとの真上に坐骨をおく

キツいときはヒザをゆるめ
頭の力を抜こう（脱力）

ポーズ 7

立位・もも裏ツイストストレッチ

ターゲット

ハムストリング

▶ 足首をクロスして立ち、前屈する。
▶ クロスした前の脚のほうへ上体をねじり、後ろ脚の横の床に指先をつけてキープ。
▶ 脚を組み替え、今度は反対にねじる。

ゆったり
5呼吸キープ

ゆるめテク!
足裏を床にしっかりとつけてヒザを伸ばす

座位・内ももストレッチ

ゆったり
5呼吸キープ

ゆるめテク！

合わせている足の
小指側のヘリを
押し合う

▶足裏を合わせて座り、すねの下に腕を差し込み、手のひらで足の甲を包む。

▶上体の力を抜き、その重みに任せて前に倒す。

▶視線はへそを覗き込むようにして、気持ちいいと感じるところでキープ。

ポーズ 9　開脚内ももストレッチ

ターゲット
内転筋群

ゆったり
5呼吸キープ

- ▶開脚で座り、上体の力を抜いてその重みに任せて腰から前に倒す。
- ▶手はできる限り前方について、首の後ろの力を抜いて、頭の重さを利用し、前屈を深める。
- ▶気持ちいいと感じるところでキープ。

ゆるめテク!
かかとを突き出し、つま先を天井に向ける

ポーズ 10　肘つき内ももサイドストレッチ

ターゲット
内転筋群

ゆったり
5呼吸キープ

- ▶よつばいから少し背中を反らせるようにしてキープ。
- ▶両ヒジを床についたら指先を絡ませて手を組む。
- ▶片ヒザを伸ばしてサイドに出す。
- ▶つま先を前方に向けてキープ。
- ▶脚を入れ替えて同様に。

ゆるめテク!
つま先は前方に、かかとは少し外側に向けて床を押す

ポーズ 11 内ももサイドストレッチ

ゆったり
5呼吸キープ

▶ヒザを腰幅に開いてつく。片脚を横に伸ばし、つま先を外に向け、つま先は床から離れないよう床を押す。

▶脚を伸ばしている方向に上体を倒して、伸ばしている側の手はすねの上に、反対の腕は頭上に伸ばして脇を広げる。

ゆるめテク!
ヒザをついている脚のそけい部を押し出す

そけい部と脇のリンバの流れ促進!!

ポーズ 12 壁使い・内ももストレッチ

▶壁の前に寝転がり、おしりをつけて脚を壁に添えておく。

▶足首を突き出してかかとを壁につけた状態で開脚。

▶力を抜いて、脚の重みで内ももが自然に伸びていくのを感じる。

ゆるめテク!
力を抜いて重力を利用する

ゆったり
5呼吸キープ

下腿 ▶▶▶▶▶▶

下腿を整えると……

重心をコントロールする力が研ぎ澄まされてバランス力が向上。力みがなくなり安定したフォームと余裕が生まれ、ボールがよく見えるようになる!

ゆったり5呼吸キープ

ゆるめテク!
つま先は床にしっかり固定

ポーズ **1** 脚裏全体のストレッチ

ターゲット

腓腹筋、ヒラメ筋

▶脚を前後に開き、後ろ脚のヒザを床につく。

▶前脚はヒザを伸ばしたまま、かかとは床を押してつま先は天井に向けておく。

▶後ろ脚はヒザの上に股関節がくる状態のまま、上体を前屈し胸をつき出し、おしりを突き出す力と引っ張り合うようにキープ。

▶脚を入れ替えて同様に。

ゆったり5呼吸キープ

ゆるめテク!
かかとを突き出す

ポーズ **2** 壁使い・下腿ストレッチ

ターゲット

腓腹筋、ヒラメ筋

▶壁の前にあお向けに寝て、おしりを壁につける。

▶足を揃えて壁に沿わせたら、かかとを天井に向けて押し出すようにしてキープ。

骨盤調整 SPECIAL フロー

人間の体の中心に位置し、力の根源と考えられている骨盤。野球をする上でも、骨盤が安定して強く使えると下半身の動きが安定し、上半身の無駄な力みが消えて可動域が適切に広がり、競技パフォーマンスが高まります。では、骨格の調整とともに、かぶせのときなどに必要になる体側の柔軟性を具現化するヨガフローを紹介します。

1 ローランジ 体側ストレッチ

脚を前後に大きく開き、両ヒザを90°に曲げて床につく。前脚側の腕は体側に自然に垂らして、もう片方の腕を頭上に上げる。そのまま斜め上に引っ張られるようにして、立てたヒザのほうへ上体を倒し体側を伸ばし、バランスを保ちながら20秒ほどキープ。

> **効能**
> 骨盤まわりの疲労で硬くなった筋をゆるめる

2 猿王（えんおう）

上の伸ばした腕を下げ、ヒザの角度は変えずに、両手指先を、前の脚をはさんで床につけるようにして、重心を前に移動させる。背筋を伸ばしたまま、後ろ脚のももの付け根（そけい部）を気持ちよく20秒ほど伸ばす。

> **効能**
> そけい部を刺激しリンパを流す

3 うつ伏せの合せき揺らし

うつ伏せになり、前腕で床を押して上体を起こす。背面で足裏を合わせ、そのまま
10秒ほどキープ。足裏を離して、ヒザを支点に下腿を左右に15回揺らす。

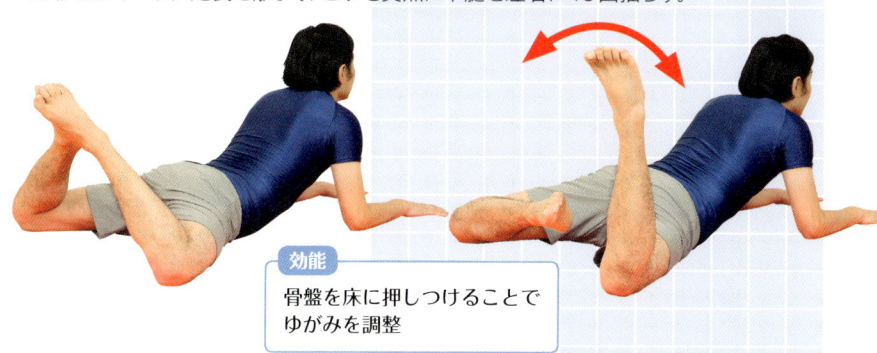

効能
骨盤を床に押しつけることで
ゆがみを調整

4 夢見る乙女

脚はそのままで、前腕を床から離
して両ヒジで頬杖をつく。引き続
き下腿を左右に15回揺らす。

効能
下腿を揺らしながら骨盤まわ
りともも前の緊張をほぐす

5 安楽座ストレッチ

あお向けになり、足首をクロス。
両手でつま先をつかんでおしりに
近づける。いける人は、おしりの
下に足を畳み込んでゆったり5呼
吸キープする。

1〜5を終えたら、手脚の左右
上下を入れ替えてもう一度

113

野球選手の
骨盤ゆがみケア

骨盤はゆがんで当然!?

　骨盤というと、「ゆがみ」が問題として取り上げられがちですが、骨盤とは本来ゆがみやすい部位であり、ゆがみながら全身のバランスを取っています。しかし、疲れの蓄積や傷害、加齢などにより筋肉の機能が衰えるとその負担が骨盤から脚へとつながる股関節まわりを過度に緊張させ、骨盤周辺をガッチリと固めてしまいます。すると「不必要なゆがみ」が慢性化し、競技においてもパフォーマンスを落とす原因となるのです。

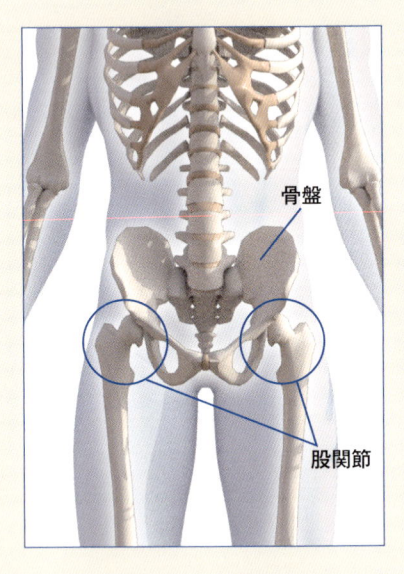

骨盤

股関節

不必要なゆがみとは

　では、「不必要なゆがみ」とはどのようにして現れるのでしょう。左右対称でない動きが多くくり返される野球の練習で、使う筋肉が偏り、あらゆる方向に骨盤はゆがみます。左右のゆがみが大きい場合は特に脚への負担が大きく、前後に傾くゆがみが大きい場合は、腰痛や肩こりにつながり、腹圧や骨盤底筋群がゆるんで体幹の力にも影響が出てきます。

一時的なリセットが大切

　ヨガからのアプローチは、自分のゆがみを知った上で一時的に調整を

することです。野球選手の場合、ゆがみを起こす理由のひとつであるお決まりの筋肉を使う練習やトレーニングの時間が生活の多くを占めるので、根本改善は難しいのが実情。とはいえ、一時的にでもリセットを組み込むことで、バランスが取れて骨盤の動きはよくなりますから、今回ご紹介したようなポーズを練習後やおやすみ前などに取り入れることをおすすめしています。

【ツボ押し】でリフレッシュ

コンディショニングを促すヨガの
ポーズには、ツボ押しのテクニックを取り入れたものもあります。
ツボ押しはいつでもどこでもスグに実践できて即効性があるので、プラスアルファの知識として、とっておきのツボ押し3つと、その効能を簡単にご紹介します。

【脚三里】（あしさんり）

病気予防、体力増強、足の疲れやむくみの解消といった万能養生のツボ。
ヒザの皿の下のくぼみから指4本分下がった向こうずねの外側にある。

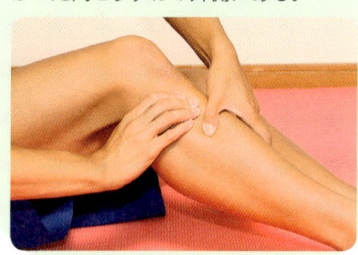

【湧泉】（ゆうせん）

首のコリをほぐして頭の血行をよくする、体のダルさや疲れを取る、腰やヒザの痛みや不眠にも効果があるとされている。
足裏、土踏まずの前方にある。足指をギュッと曲げてくぼむところがツボ。

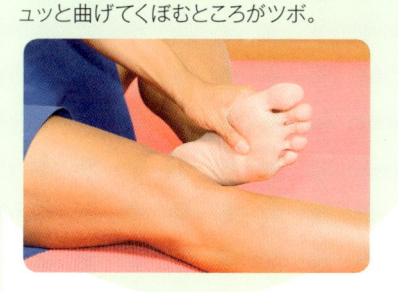

【手三里】（てさんり）

肩こりや首こりに効くほか、腰痛や胃腸の疲れにも効果的とされる。
手を握ると筋肉が盛り上がる部分。ヒジを曲げたとき、できる横ジワの外側の端から手の方向に指3本分くらい。

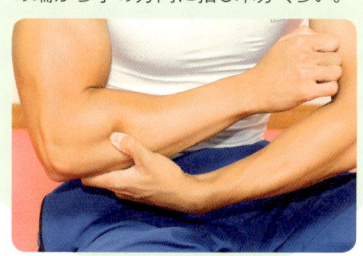

👍 HOW TO PUSH

1 指の腹を素肌に直接、真っすぐ垂直に当てる。

2 吐く息でゆっくり深く押して、ズーンと響きを感じたらそこがツボ！

3 そのまま3−5秒、押し続け、離すときは吸う息でゆっくりと。

4 指は完全には肌から離さずに、1−3をくり返す。

おやすみ前の全身ほぐし

練習後のアフターケアに、1日の終わりに。流れるようにポーズをとることで全身を
まんべんなくほぐし、心身ともにリラックス状態へと誘うフローを紹介します。

＊①〜⑤の流れを、左右それぞれで行いましょう。

1 肩甲骨まわり、広背筋
座位で両腕を伸ばすポーズ

安楽座で両腕を前に伸ばし、手のひらを自分のほう
へ向けて指先を絡めたら、ヒジの間を開けて肩甲骨
を広げ、背を丸める。背と手を遠ざけるように引っ張
り合いながら、腕全体で左右にスイングして大きな
「∞」を3回描く。

2 肩関節、肩甲骨まわり、僧帽筋（上部）
サイドストレッチのアレンジ

組んでいた手を解放し、片腕をヒジから床に降ろ
して側屈しながら、反対の腕を上に。肩から大き
くゆっくり空気をかき回すように動かす。時計回
り5回、反対回り5回。

3 肩甲挙筋
頸ケアストレッチ

回していた手を後頭部におき、上体を起こす。床
につけていた腕のヒジを伸ばし、指先に変えて床
にタッチ。アゴを引き、伸ばす腕とは反対方向に
頭を倒す。頭は脱力しながらゆったり5呼吸キープ。

6 全身の弛緩
屍のポーズ
しかばね

大の字にあお向けになる。体全体の
緊張をゆるめて脱力し、手のひらを
上に向けて目を閉じてじっくり休む。

アゴを引き、頸や腰のカーブも
沈めて床にすべてをあずけて
平らに横たわろう！

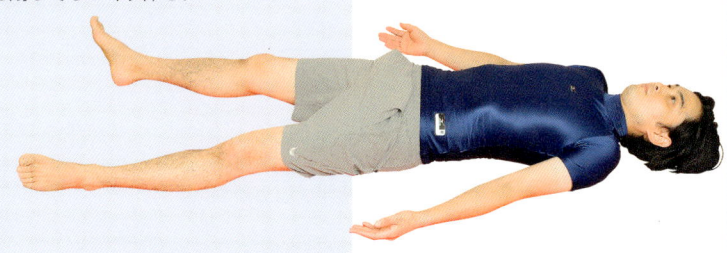

5 大腿四頭筋
もも前を伸ばした横寝

脚を崩してヒジをつき、サイドに脚を
伸ばす。上のヒザを曲げて手で足の
甲をとり、ヒザの位置はズレないよ
うに上下に揃えたまま、かかとをお
しりに近づけるようにしてゆったり5
呼吸キープ。

4 僧帽筋、三角筋、上腕三頭筋、大胸筋
牛面で前屈

安楽座の状態で牛面（P.34）の腕を
つくる。反対の手を下から背に回し
て指先を絡めたら、上のヒジを引き
上げるようにして前屈。ゆったり5
呼吸キープ。

＊指が届かない場合は、シャツをそれぞれ
の指でつまんで固定しましょう。

取り入れやすく効果も高い　全身網羅の厳選48種!
ヨガトレ　目標達成2軸チャート

高強度

Stretch

もも前
ストレッチフロー
P105

半円
P91

魚1 P85

キャット&カウ P95

アザラシ
P87

肘つき内もも
サイド
ストレッチ
P109

あお向け体側の
ストレッチ
P91

あお向けの
ツイスト
P86

ピジョン P103

脚4の字
P101

サボテン
P92

ハッピー
ベイビー
P102

リラックス

菩提樹
P79

牛面ストレッチ
3種
P78

内ももサイド
ストレッチ
P110

うつ伏せの
ツイスト1
P89

ショルダータッチ
P93

各種もも裏ストレッチ
P106,107

鋤 P98

座位・内もも
ストレッチ
P108

猫のしっぽ
P84

猫の伸び
P82

時計針 P77

手首のストレッチ
P81

Cool down

低強度

「全身のストレッチをしたい」「下半身のトレーニングをしたい」「練習前にウォームアップをしたい」など、その時々の目的を叶えるのに最適なヨガポーズが一目でわかるようにチャートにしてご紹介します。

● =より下半身に効く
● =より上半身に効く
それ以外=全身に効く

高強度

Power up

木立3種 P65

スコーピオン P39

チャタランガ P35

ヤシの木とチェア P64

三角ツイスト P48

イルカ P36

立位のイーグル P57

武将Ⅰ、Ⅱ、Ⅲ P55,56

コブラ P47

エアプレイン P48

脚4の字バランス P57

テーブル P37

トレーニング

半らせんのツイスト P50

弓 P47

三方向引き寄せプランク P42

橋 P58

バッタ1 P46

Z P40

卍 P60

レッグレイズ P43

上向きのプランク P37

座位のイーグル P34

ダウンドッグ P51

横寝でのレッグレイズ P54

Warm up

低強度

119

効果を深める豆知識 3

ちょっとおもしろいポーズ名の由来

　本書では、ここまで154ものポーズを紹介しています。ところで皆さん、それぞれのポーズ名に「どうしてこの名前がついたの？」と思いませんでしたか？　なんだかおもしろい名前が多いなぁ…と、長年ヨガに従事している私でさえ、ときどき思うほどです。そこで、ヨガのポーズ名の由来について、少しだけお話ししましょう。

「イーグル（鷲）」「キャット（猫）」「カウ（牛）」「スコーピオン（蠍）」など、ヨガのポーズには動物の名称がついているものがたくさんあります。私たち人間も、本来は「動物」なのですが、進化の過程で二足歩行を始めたあたりから、徐々にほかの動物たちとは異なる別の生き物「人間」として過ごしてきました。

　その「人間」が「動物」のポーズを行うのは、本来人間がもっていたはずの動物としての在り方――遅しさ、すばしっこさ、力強さ――を取り戻すため、といわれています。また、その動物の姿勢や動きをイメージしたポーズをとることで動物になりきり、自分自身のなかにある野生・動物的感覚を呼び戻して脳を刺激し活性化させるともいわれています。

　動物のほかにも「山」や「三日月」「木立」といった自然界からとった名前も多くありますが、それにおいても同じです。人間に備わっている自然の要素を引き出して、自然との調和を図り、その素晴らしさを取り入れようと先達者は考えたのです。

　今回は、ほとんどのポーズ名を日本語と英語で紹介しましたが、サンスクリット語（インドの古語）でのポーズ名がホンモノです。サンスクリット語名では、動物や自然のものだけでなくインドの神様や神話に登場するユニークな人物に由来するものも多く登場します。それもとてもおもしろい名付けの由来があったりするので、興味があれば調べてみてくださいね。

▲力強く伸びた体幹が、真っすぐ伸びたヤシの幹を、大きく開いた手がヤシの葉を表しています。ヤシの木のようにのびのびポージングしましょう！

CHAPTER

4

メンタル トレーニング ヨガ

最終章では、ヨガ本来の目的である内面の改造＝メンタルトレーニングをフィーチャー。姿勢、呼吸、瞑想をより詳しく紹介します。ヨガを、さらに極めてまいりましょう。

メンタルトレーニングヨガ

概論 心と体の結びつきを感じる

ヨガにみる心と体の相関関係

▶本来の目的は、理想の心の状態をつくること

　本書は野球がうまくなりたい人に向けて、ポーズをとることで体を鍛える／整えるという側面にスポットを当てて、ここまでヨガを紹介してきました。しかし、CHAPTER 1 でも触れてはいますが、ヨガにできることはそれだけではありません。むしろ最も重きをおいているのは、心の状態を整えるということです。

　ピンとこないかもしれませんが、アスリートの皆さんにとってメンタルコントロールといえば他人事ではないはず。最終章となる CHAPTER 4 では、ヨガのメンタル調整力についてお伝えしていきましょう。

　今から約5000年前にインド周辺（インダス文明）で生まれたヨガは、本来「苦痛からの解放」を目的としています。苦痛からの解放とはつまり、快適で安定した理想の心の状態をつくることと言い換えられます。

　理想の心の状態とは、「やる気に満ちている一方で落ち着いてもいる」状態のこと。やる気はあるけれどイライラしたり焦ったり、はたまた落ち着いてはいるけれど行動を起こさずにぐずぐずしたり……そのような状態を理想とはいえません。要は、両極端にも思える2つの要素のバランスがとれていることが、大切なのです。

　ヨガの世界では、心と体は一体と考えられています。皆さんも、ストレスを受けたときや悲しいことがあったときなどに、体の動きまでもが鈍くなり、姿勢も背中が丸くなってションボリ……なんて経験をしたことがあるでしょう。

　私たちの体は日常生活を送るだけで、物理的な重力や負荷、寒さや暑さなどの環境的ストレス、精神的なダメージである内面的なストレスを全身に受けてゆがみを生みます。また、内臓の下垂、横隔膜の緊張、目の充血、肩こり、血行不良、不眠などなど、体が不調だと、自ずと心の状態も乱れるもの。

　ストレスを感じるとき、不調なときこそこれからの伸びしろをつくり出すチャンスの時期ととらえて上だけを見ましょう。逆に絶好調のときは足元をすくわれないように気を引き締めて！いつも安定して快適でいられるように、ヨガで心を整えていきましょう。

▶内面を見つめるために、外面を整える

ヨガのポーズは数多くあれど、そのどれもが関節などの動きに対して無茶な負荷はかけません。骨格や筋肉の可動範囲と機能や位置を考慮し、逆にそれを利用したものしか存在しないため、完成のポーズ（姿勢）は、体に無理のないものになっているのです。

無理がないということは、本来の自然な動きを取り戻すということ。それによって神経や氣の巡りがよくなり、滞っていた血液が循環し数々のホルモン分泌もバランスよく行われるようになり、精神的滞りもじんわりほぐされていくという側面もあります。

そもそも、ヨガのポーズは瞑想を行うためにつくられています。瞑想について、詳しくは後述しますが、通常外界に向いている意識を自分の内側に向けて自分と対話することをいいます。

最終的に内側に意識を向けるために、まずは体に意識を向けます。ポーズをとることでふだん感じることのない部分的な筋肉の動きなどに気づくことができ、その奥にある心の細やかな動きを観察することができるようになるからです。

……ちょっと難しい、と感じるかもしれません。身近な例を挙げましょう。例えば、どうにも食欲が止まらないという経験はありませんか？　空腹というわけではないのに時間が来たから食事を摂る、なんとなく口寂しくて甘いお菓子をつまむ、テレビで食べ物を見て何かを無性に食べたくなる。そういったときの食欲は、本当に体が食べ物を必要としているわけではありません。意識が外界に向いているがゆえ、起きている現象に過ぎません。

人の意識とは、実は過去と未来を行き来しています。しかし、ポーズをとりながら深い呼吸をすると同時に、体のどの部分が伸びているというような自分の体に起きていることひとつひとつに集中すると、心身ともに"今この瞬間"の状態にセットされるのです。すると、過去や未来の煩悩や不安、囚われていたマイナス因子から解放され、無駄な食欲も抑制することができる、という仕組みです。よってヨガは「動く瞑想」と呼ばれるのです。

体に意識を向ける

心が整う

マイナス因子から解放される

煩悩　不安

▶最大限の効果を引き出す必須テク

それぞれのポーズで刺激される部位、得られる効果も明確に決まっています。例えば猫の伸び（P82）は、すべての動きがしなやかな猫が伸びるシーンをイメージしてつくられたものです。背中やノドを十分に反ることで内臓を重力から解放して背中をほぐし、動きをしなやかにする効果が期待されています。それは呼吸や氣の通り、血液循環、エネルギーの伝わり方などと関係していて、ポーズをより正しい形にすることがよりよい効果を引き出すと考えて間違いありません。

ためしに、ここで基本のポーズであ

「正しい姿勢」をつくってみよう

山のポーズ

効果 平衡感覚を身につける、精神の安定を図る

足から順に、頭頂に向かって整えていく

8 頭頂を意識し、上から適度に引き上げられ、全身が吊り下げられているような感覚をもって全身がバランスよく伸びているように真っすぐ立つ

6 背筋を伸ばしながらも肩の力を抜き、リラックスした状態をキープ

7 へその下（丹田）に意識を集中させ、そこを境に上半身は引き上げ、下半身は下げる意識を。しかし、余分な力は入れないように

5 背骨を下から順に（椎骨のひとつひとつを）引き上げていき背筋を伸ばす

4 骨盤から下は重心を下げ、骨盤から上は重心を上げることを意識し、定まったところで固定

3 ももをゆるめて少し内側に向け、股関節も内側に上げる。股関節から下は重心を下げ、股関節から上は重心を上げることを意識し、定まったところで固定

1 両足を少し離して平行にして立つ。小指から順番に親指をつき、最後に足裏全体を床につける

2 かかとを床につけて、くるぶしを引き上げる。下腿は下げる意識をもって固定

る「山のポーズ」をみてみましょう。ただ普通に立っているだけと思うかもしれませんが、実はバランスのなかでは一番難しい究極のポーズです。正しくは骨格が前後左右のどちらにも傾かず正面を向いた状態にあり、背骨は椎骨（ついこつ）のひとつひとつがその骨盤の上に真っすぐに乗って、全身にしっかりと気を充実させる必要があります。

完璧に整えるには慣れが必要で、難しく感じることもあるでしょう。しかし、体をパーツで意識することはアスリートにとってもプラスになるはず。トライしてみてください。

5つの身体感覚を心得る

▶部位ごとに異なる心理的意味がある

さて、ヨガの長い歴史のなかでは、体のどの部位をどのように使うとどのように心に変化をもたらすかということも、解明されてきました。瞑想状態の人の手や脚、呼吸や筋肉の状態などを分析することで、体の各部位にはそれぞれ異なる心理的な意味があり、各部位に対してしかるべき調整を行うことで、精神状態をコントロールすることができるとわかってきたのです。

例えば、足は大地と接する部分であり、体を支える土台。姿勢を安定させるのに欠かせない部位です。また、脚は大地からのエネルギーを体内へ受け入れる道であり、骨盤や体幹からのエネルギーを足へと伝える役割を果たす部位です。

高いビルの屋上や、展望台にときどきあるガラス張りの床に立つと脚がガクガク震えますよね。すると次第に気持ちまで不安になってくる。そのような経験は、きっと多くの方がされていると思います。これは、体が不安定になることで精神的にも不安定になるというひとつの証拠です。

ヨガでは、足／脚を根ととらえています。人のやる気を「根気」などとよく言いますが、足／脚が地についていないふわふわした状態が続くと根気がなくなり、ヨガが掲げる理想の心の状態とはほど遠くなってしまいます。このように、部位の役割に着目することで、体と心とを結びつけて整えることができるのです。

では、ここからはポーズをとることによるメンタルトレーニングの実践例を紹介したいと思います。「足／脚」「背骨」「胸」「頸」「頭」という主だった5部位をピックアップし、それぞれが担う心理的効果を確認しながら、まずはその身体感覚を心得ましょう。そして、心の切り替えが重要となる野球選手にとって「よくあるシチュエーション」をそれぞれにあてがい、さまざまな"困難"を乗り越えるのに役立つであろう代表的なポーズを紹介していきます。せっかくここで知ったヨガの知識や効能を今後の野球人生に活用できるよう、ぜひ実践をイメージしながら読んでみてください。

1 足／脚

揺るぎない心をつくり、集中力を高める

「足」は地面に接し、土台をつくり根づくベースです。そして、大地からの力を体幹へとつなげる役割を担うのが「脚」。それらを強く使うことで自分に自信をもつことができるようになるといわれています。また、私たちが何かに集中して取り組むとき、骨盤（下腹、丹田）から力が生み出されると考えられているのですが、その骨盤を支えるのが足／脚。特に、足が大地をしっかり踏みしめている感覚を得られると、自然に心にも安定感が生まれます。不安を感じるときや怒りで頭に血が上っているときなどにも、辛抱強さと忍耐力が養われる立位とバランスのポーズをとってみるといいでしょう。

例えばこんなとき…… 「テストの成績がイマイチ…部活に集中できない」

立位とバランスのポーズはほかに、「チェア」「エアプレイン」「武将のポーズⅠ、Ⅲ」「脚4の字」「立位のイーグル」「ヨガスクワット」「ヤシの木とチェア」「木立」「ヒザを曲げたサイドアングル」などがあり、同様の心身の変化を感じとることができるでしょう。

2 背骨

体を活性化させ、気持ちを高揚させる

生きていると、自然と背骨がピンと伸びる瞬間があるものです。憧れの人との初対面、大事な試験の当日、いいニュースを耳にしたとき、新生活をスタートするとき……。背骨を伸ばすと自然に胸が開き、勇気が出て、やる気、決断力を高め、他者とつながろうとする意欲がかき立てられます。

アスリートは強い腹筋に引っ張られ、背筋が伸びて肩を前に巻き込む姿勢になりやすいので、背筋を伸ばして背骨をやや後屈することで前面の筋肉をほぐすことができます。背筋を縮めて老廃物を流し出し、酸素を含んだ血液をめぐらせながら背骨をねじったり、側屈させたりするポーズは神経に刺激を与え、自律神経を調整し、全身を活性化させます。

例えばこんなとき…… 「試合前日、緊張が止まらない!」

背骨を伸ばすポーズはほかに、「バッタ1、2」「かんぬき」「半らせんのツイスト」「うつ伏せのロータス」「あお向けのツイスト」「ハイランジツイスト」「サイドアングル」「三角ツイスト」「開脚前屈のツイスト1、2」「ハイランジツイスト（合掌）」などがあり、同様の心身の変化を感じとることができるでしょう。

129

3 胸

周囲との調和を重んじ、思いやりの心を持つ

呼吸、循環器系を収めるところであり、免疫力にも関係する胸は、心の窓と考えられます。窓は、閉ざされていると外部からの受け入れを頑なに拒みます。反対に開かれていると外の世界を受け入れられ、心がオープンな状態になり誰に対しても分け隔てなく友好的になって、相手を慈しむ思いやりの気持ちが生まれます。胸を開くポーズには、心臓を取り巻く心膜や胸部の筋肉、筋膜の緊張を解くことで、気持ちまでもコントロールするような刺激効果があるのです。

例えばこんなとき…… 「試合中のミスから、チームワークに乱れが…」

胸を開くポーズはほかに「弓」「橋」「魚」「猫の伸び」「スフィンクス」「アザラシ」「半円」などがあり、同様の心身の変化を感じとることができるでしょう。

4 頸

脱力を覚え、ストレスと上手に付き合う

　頭部と体幹部とをつなぐ、血管や神経経路の要といえる頸は、ヨガではコミュニケーション能力を司る部位とされています。集団競技である野球に取り組む以上、常にまわりに比較対象があるわけで、人間関係の悩みや不安、スキル面でのコンプレックスやジレンマを感じやすくなります。そのような外部ストレスに耐えながら根を詰めて頑張り続けていると頸まわりがガチガチになり、過度に続く緊張感から何かに押しつぶされそうな焦りすら感じるようになってしまいます。前屈のポーズなど、重力に逆らうポーズをとると甲状腺が刺激され活力が回復すると同時に、頸まわりの力が抜けて、物事への執拗な執着心が消えるような解放感を得ることができます。

例えば
こんなとき…… 「監督や先輩に怒られて、イライラが止まらない！」

＊頸まわりをゆるめてから行いましょう

重力に逆らうポーズはほかに**「背中立ち」「鋤」「ダウンドッグ」**などがあり、同様の心身の変化を感じとることができるでしょう。

5 頭

五感を研ぎ澄まし、直感力を高めてゾーンへと誘う

バランスよく整えられた人間の体の頂点である頭は、脳と体とを結びつけ、すべての動きや考えの司令塔的な役割を果たしています。忙しい毎日でいつの間にか頭に血が上りオーバーヒートして疲れが溜まりやすい箇所でもあるので、時折休ませてあげることが必要です。姿勢を整え、深い呼吸をくり返し、一度頭の中を空っぽにしましょう。

自分自身を客観視することで、ありのままの状態を受け入れ脳の疲れを取ると、体は覚醒し、心も体も軽くなってリラックスできるのです。体内の酸素量が増えて活力がみなぎり、目標達成に向けて五感が研ぎ澄まされます。いわゆるゾーンに入りやすい状態になるため、ここぞというときに使えるテクニックでもあります。

例えば
こんなとき……「チャンス到来!　次の打席は、俺…!?」

頭部を休めるポーズはほかに「**肩立ち**」「**開脚前屈**」「**手を前後に開いた前屈**」「**合せき前屈**」などがあり、同様の心身の変化を感じとることができるでしょう。

呼吸法を もう少し 学ぼう

ふだん、何気なく行っている呼吸ですが、精神状態は呼吸によってのみ調整することができます。すなわち心は自分でコントロールできるものであり、調子に応じて自在に操ることでリラックスをもたらしたり気分を切り替えたりできるものなのです。

■腹式呼吸でセロトニンが活性化

緊張するような場面では、よく「深呼吸して落ち着きましょう」と言われます。深い呼吸は、副交感神経をアップし、自律神経のバランスを整えて心を落ち着かせる効果があるのです。心が落ち着くと感情のコントロールも容易になり、血圧も落ち着きますから体を休めることができます。

ヨガでは、基本的にゆったりとした腹式呼吸を行いながらポーズをとっていきます。腹式呼吸は、腹筋を意識的に収縮させて息を吐き出すことから始まります。腹筋を収縮させると内臓が圧迫され、横隔膜が引き上げられる。すると肺が圧縮されて空気が押し出される。これを「呼気」の呼吸と呼び、このときに脳内の神経伝達物質である

「セロトニン」が活性化されるのです。

セロトニンは、一般に「幸せホルモン」と呼ばれています。落ち込んで元気が出ないとき、ストレスがたまってイライラするとき、なんだかぼんやりしてやる気が出ないときなどに、心に安らぎと、やる気をもたらしてくれるのです。

セロトニンは、リズム性の運動を高頻度で行うことで育てられ、鍛えることができます。リズムを伴う運動であればウォーキングでも水泳でもなんでもいいのですが、意識をして集中して誰にでも行いやすいという点では、腹筋を使う腹式呼吸が最も適しているといわれているのです。

■基本的な呼吸法と注意点

今回は、腹式呼吸のほかに胸式呼吸、鎖骨式呼吸、それら３つを複合的に行う完全式呼吸法、そしてヨガの特徴的な呼吸方法である片鼻交互呼吸を紹介します。なかでも完全式呼吸は最も深く息を吸って吐く呼吸法なので、特に高いリラックス効果が望めるほか、呼

吸筋が活発になって胸腔が広がり、横隔膜がほぐされてくることから内臓がマッサージされて、すべての器官が活性化し正常に機能するようにもなります。また、片鼻交互呼吸とは、練習前に集中力を高めるのに有効で、大事な試合を前にした緊張をいい意味で和ら

げるのにも有効。風邪による鼻のつまりやアレルギーなど不調が気になるときにも、おすすめです。

深く呼吸する際に気をつけたいことは、まず鼻から吸って鼻から吐き出すということ。口呼吸は、のどから雑菌が入りやすく免疫力が低下します。また、息を吸うことばかり意識しないようにしましょう。稀に過呼吸になってしまうことがあります。息を吸ったらきちんと吐く。当たり前ですが、いま一度確認しておきましょう。深い呼吸を始める際には、はじめに体内にある空気をすべて吐き切ってからにしましょう。

丹田（下腹部）を意識して、ゆっくり吐いていくと自然に丹田がへこんでくるときがあるので、そのままさらに下腹部をへこませながら息を吐いていきましょう。吐き切ったら、今度は吸います。息を吸うときのポイントは、吸気が体のどこに入っているのかを意識しながら行うことです。

1 腹式呼吸法

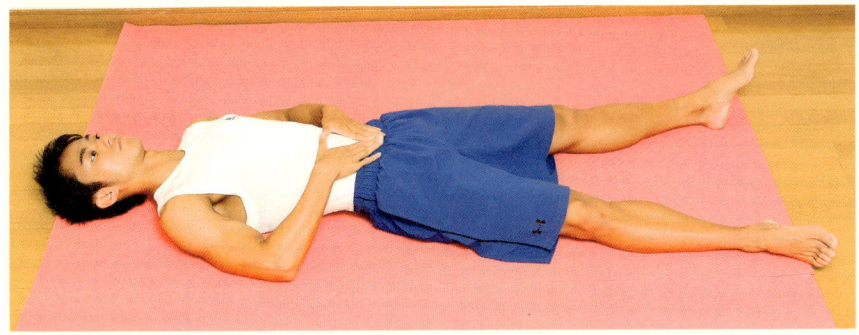

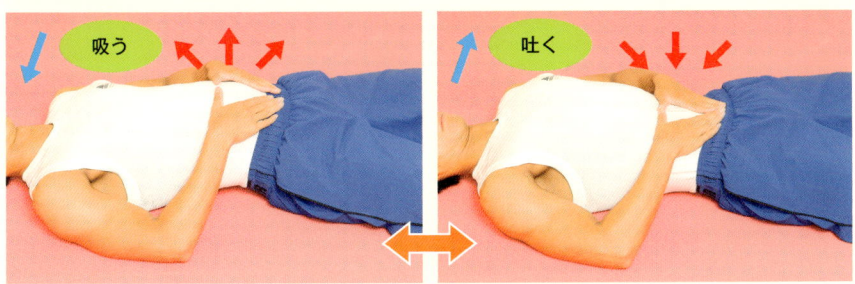

吸う　吐く

あお向けになり、足は楽に開く。手で三角形を作り、へそが真ん中にくるようにおきます。鼻から息を大きく吸っておなかを膨らまし、鼻からゆっくり息を吐き出しておなかを引き込みます。
＊息を吸うとき、胸を膨らませない

2 胸式呼吸法

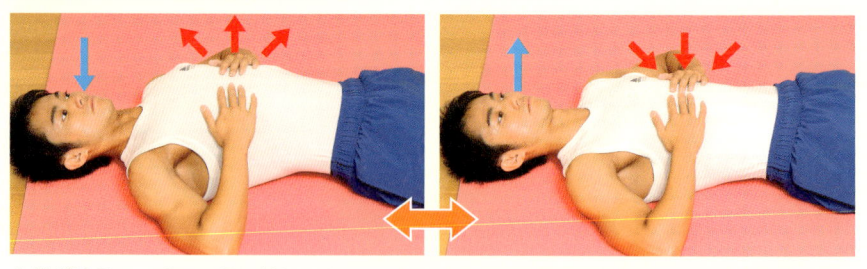

小指が肋骨の一番下の骨に触れるように、両サイドから肋骨に手を添えます。鼻から息を大きく吸って、指が押し広げられるイメージで肋骨を大きく膨らませます。吸い切ったら、鼻からゆっくり息を吐き出すのに合わせて、両手の指先が重なるくらい肋骨をしぼませていきます

＊息を吸うとき、おなかはへこませたままで膨らませない

3 鎖骨式呼吸法

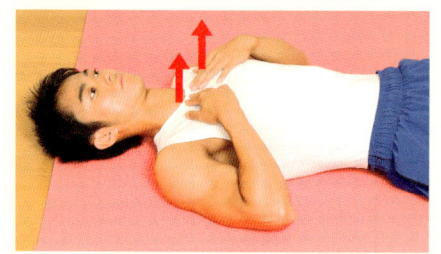

胸式呼吸法の延長です。鎖骨に指をおき意識しやすくしましょう。鼻からゆっくり呼吸するのに合わせて肋骨に続いて鎖骨近辺まで空気が入ったり出たりして膨らんだりしぼんだりするイメージです

4 完全式呼吸法

息を吸い込んだときにまずおなかが膨らみ、次に胸、鎖骨へと息が入り込んで全体が大きく膨らんだらゆったりと吐き出します。最終的におなかと胸と鎖骨とが連動して上下するように、すべての箇所を意識してゆったり大きな呼吸を行いましょう。緊張すると呼吸が浅くなりがちなので、そんなときは首、肩の力を抜いて完全呼吸法を取り入れて！

5 片鼻交互呼吸

安楽座になり、右手の人さし指と中指を手のひらに向けて丸めて折り込み、薬指と親指を準備。まず親指で右の鼻を軽く押さえ、左の鼻の穴からゆっくり息を吸います。吸い切ったら薬指で左の鼻も軽く押さえ、両方の鼻の穴を閉じます。息を止めて4つ数えたら親指を離して右の鼻の穴から息を吐き切る。今度は右から吸い入れ……このパターンを交互に行い、2〜3分、時間があるときは5分ほどくり返します。

瞑想を もう少し 学ぼう

「メディテーション」とも呼ばれる瞑想は、心のヨガ。自分には何ができるのか、今何をすることが大切なのか。あるがままを把握し、受け入れ、緊張や不安やイライラなどの心のゆらぎに左右されない真の強さを身につけることを目的としています。

■瞑想とは、脳の集中力を高めるトレーニング

瞑想と聞くと、いまだに多くの人が宗教的な慣習だと思っているようです。もちろん、そういった側面もありますが、瞑想＝宗教ではありません。私たちが行う瞑想の目的は、修行ではありません。揺れ動いて当然の人の心を、ひとつの目的に向かって集中させるようにするもの。瞑想とは誰にでもできる「脳の集中力を高めるトレーニング」なのです。

一流のアスリートは早朝、筋力トレーニングや練習の前に瞑想をし、心を静める時間をつくるといいます。それは一体、なぜなのでしょう？

■瞑想を科学する

瞑想をすることで、脳に何が起きているのか。これまで多くの科学者たちが最新の技術を駆使して研究を重ねてきました。その結果を簡単にまとめると、瞑想中の脳内は、ふだんひっきりなしに行っている情報処理が停止している状態とのことでした。

論理的思考や計画、感情や自意識といった機能を持つ前頭葉はオフライン状態になり、時間と空間を把握する機能の活動はゆるやかに。嗅覚以外の感覚を管理する視床はお休みモードに入り、外部刺激から脳を守る神経線維・網様体の厳戒態勢は解除されます。つまり常に張り詰めていたものが少しゆるみ、体への刺激がオフラインとなり、意識はありつつも眠るより深い、脳と体の究極の休眠状態となるわけです。

■無の状態から引き出されるいくつものいいこと

瞑想を辞書で引くと「目を閉じて静かに思いを巡らすこと」と出てきますが、座禅というかたちで修行として瞑想を取り入れている仏教の世界では「あらゆる想いがなくなる状態を表す」との言葉が使われています。何かに対する想いがなくなる、心配や不安など心を煩わせるようなものが何もない状態、それは逆に言うと嬉しさや喜びなどのポジティブな感情からも解放され

Let's try!
瞑想してみよう

背筋を伸ばして座る（安楽座）

目を半眼にする

まずは口から息を吐き切り、鼻から吸う

手を楽な位置におく

▶まずは息を吐き切ることから。これ以上は吐けないところまで息を吐くと、あとは自然に息を吸い込みます。何度かくり返すうちに、徐々に深い呼吸ができるようになります。

☑ 呼吸を観察する
☑ 呼吸を徐々にゆっくり深くしていく
☑ 自分の内面で起こっていることを静かに見守る

毎日約15分行えたらベスト！

ている「無」の状態でもあるのです。

　練習、トレーニング、学校、勉強、仕事にプライベート……と、毎日を忙しく過ごすアスリートにとっても、たった数分間であっても「無」を体験することはかなりのプラスとなります。瞑想後は集中力が向上し、頭がスッキリします。不安がなくなり心が落ち着いて試合に向けたストレスが軽減する

ほか、ともに戦うチームメイトを思いやる心が生まれたり、創造性や記憶力がアップして気づきの心が芽生えたり、試合運びに役立つようになったり……といいことばかり。そのなかでも即、効果が現れるものとして、衝動を抑える能力を高めるということがあります。123ページで紹介した食欲の話は、まさにこのことですね。

■呼吸を数えることから始めよう

　やり方はシンプルで簡単です。用意するものは、何もありません。その身ひとつで、いつでもできます。心を落ち着かせて、自分の呼吸を観察します。リラックスできていればどのような体勢でも構いませんが、安楽座がポピュラーです。初心者であれば、静かで落ち着くところで行うのがオススメです。気をそらすような音がする場所は避けておくのが無難でしょう。

　きっと「呼吸を観察する」ってなに？と思うでしょう。呼吸に集中するのが難しければ安楽座の姿勢で目を軽くつむり（半眼）、呼吸の数を数えてみてもいいかもしれません。息を吸いながら「ひとー」、吐いて「つー」、また吸いながら「ふたー」、吐いて「つー」

と数えて、10まで数えたら1に戻り、それをくり返します。これは「数息観」といい、数えることに集中して心を落ちつかせる方法です。

　しかし、ふとした瞬間にまったく別のことが脳裏に浮かんでくることもあります。それは、それとして、無理にかき消そうとしたりせず、空に浮かぶ雲を眺めるような気持ちでやりすごしていくうちに、だんだん浮かばなくなってきます。

　15分間の瞑想は2時間分のレム睡眠と同等の効果があるとされています。しかし、たとえ朝5分、夜5分であっても、毎日続けて行うことが何より大切です。続けるほどに、自分自身の変化を感じ取ることができるでしょう。

おわりに

　いきなり手前味噌な話ではありますが、『ヨガトレ』というネーミングがいたく気に入っている次第です。なぜなら、その言葉のシンプルさが、マット1枚とそれだけのスペースと自分の体さえあれば、いつでもどこでもできるというヨガ本来の在り方を表している言葉だと思うからです。

　この本を誕生させることになったきっかけは、2010年に橘学苑高等学校硬式野球部の石黒滉二監督から「ヨガを野球に取り入れたい！ ケガをしない体づくりをしてほしい」と依頼されたことにありました。指導を始めて少しして、取材に来られたベースボール・マガジン社の山内浩太氏と出会い、そこから本書の"元"となる雑誌『ソフトボール・マガジン』の連載「明日を叶える ヨガ・アプローチ」が始まったのです。

　ヨガで実現できる「ケガをしない体づくり」は多彩なアプローチによるもので、メンタル面をもサポートする万能なメソッドです。だからこそヨガだけの話にならないよう、野球従事者にとってきちんと役立つものになるよう、現場のリアルな声を反映したいと思い、現在の橘学苑のチームメンバーやドラフト候補と名高いOBの選手からたくさんの意見を頂戴し、より効果を感じやすいメニューを紹介しました。

「視野が広がってボールがよく見えるようになりました」
「脱力を覚えて、バットが軽く感じられるようになりました」
「体がほぐれて大きく踏み出せるようになりました」
「ピッチングの軸足の踏ん張りが効くようになりました」

……などなど、嬉しい声はまだまだたくさん。このように野球が大好きなすべての人が、新たにヨガをも楽しみながら体づくりに取り組んでくだされば幸いです。

　ヨガは、アスリートだけでなく、赤ちゃんからシニア層まで幅広く取り組むことができるものです。ポーズをとり、静かに自分自身の心を見つめていると、さまざまな発見が次々起こります。そこから学ぶことは多く、また人とのつながりを生み新たな出会いを呼び込んでくれます。ヨガを始めると新しい世界への扉が開く、と私は実感しています。

　私自身も、ヨガクラスを開くことでたくさんのことを学びました。教えてくださったのは、クラスに足を運んでくださる生徒の皆さんです。そこでの経験が、いまの私をつくっていると言っても過言ではありません。生徒の皆さんが私の一番の先生です。この場をお借りして、いつも本当にありがとうございます。

　最後に、この本をつくるにあたりお世話になりました編集担当の鈴木彩乃さん、江國晴子さん、ほかにもアドバイスやサポートをしてくださった多くの皆さまに心より感謝申し上げます。

　ヨガの旅は、まだまだ続く。ナマステ！

2015年12月　小林佳子

著者

小林佳子

こばやし・よしこ／ヨガインストラクター。東京都出身。武蔵大学卒。太極拳を実践していたことがきっかけでヨガを始め、認定インストラクター資格取得後、ハタヨガをベースにさまざまな流派のヨガを実習し、インド・リシケシのヨガニケタン・アシュラム（道場）で修業。2005年より都内ジムを中心にヨガクラスを担当。神奈川・橘学苑高等学校硬式野球部でヨガ指導を行いながらアスリート向けのコンディショニングヨガ指導、シニア向けの体づくりのヨガ指導、ヨガインストラクター向けのスキルアップクラス等を行う。すべての人にヨガを楽しんでもらえることをめざし日々ヨガを実践中。

モデル

デザイン／シーツ・デザイン
編集協力／鈴木彩乃
写真／馬場高志
CGイラスト／牧野孝文
イラスト／ニューロック木綿子

林原慎二
はやしはら・しんじ

沼田純矢
ぬまた・じゅんや

野球がうまくなるヨガトレ!

2015年12月25日　　第1版第1刷発行

著　　　者　小林佳子
発 行 人　池田哲雄
発 行 所　株式会社ベースボール・マガジン社
　　　　　　〒101-8381　東京都千代田区三崎町3-10-10
　　　　　　電　話　　03-3238-0181（販売部）
　　　　　　　　　　　025-780-1238（出版部）
　　　　　　振替口座　00180-6-46620
　　　　　　http://www.sportsclick.jp/
印刷・製本　広研印刷株式会社